Cet ouvrage des *Additions en forme de notes au Livre de l'Esprit des Loix. 1798*, a pour auteur Mr. Guillaume Charles Henri Baron de Lynden, de Blitterswyk, ci-devant Réprésentant pour la Province de Zélande aux Etats-Généraux des Provinces-unies des Pays-bas.

ADDITIONS

EN FORME DE NOTES

AU LIVRE

DE L'ESPRIT DES LOIX.

Il ne s'agit pas de-lire, mais de-penser.
L. II. *C.* 20.

1798.

ADDITIONS
EN FORME DE NOTES
AU LIVRE
DE L'ESPRIT DES LOIX.

LIVRE I. CH. I.

Les Loix, dans la signification la plus étendue, sont les rapports necessaires, qui derivent de la nature des choses.

Cette definition a été critiquée, comme peu exacte; mais en prenant garde que l'auteur parle des Loix, *dans leur signification la plus étendue*, on sentira peut-être qu'il est difficile de les mieux definir. Ciceron a pensé de même, lorsqu'il dit: (*de Legibus L.* 1. §. 6.) Les savans definissent la loi: une raison suprême, tenant a la Nature. Et (*L.* 2. §. 4.)

Les plus ſavans hommes ont penſé, que la loi n'est pas une invention des l'esprit humain, ni une inſtitution des peuples; mais que c'est quelque choſe d'eternel, fait pour gouverner tout le monde, la ſagesſe de permettre & de defendre. Il ajoute: [*Ibid.*] Etat enim ratio profecta a rerum natura — quæ non tum denique incipit lex esſe, cum ſcripta est, ſed tum, cum orta est: orta autem ſimul est cum mente divina. Quamobrem lex vera atque princeps, apta ad jubendum & ad vetandum, ratio est recta ſummi jovis.

La Loi, dit Plutarque, est la Reine de tous les Mortels & Immortels.

Le Philoſophe Chryſippe, qui vivoit environ 300 ans avant lui, commence de même ſon Livre, intitulé: de la Loi, en diſant: La Loi est la Reine de toutes les choſes divines & humaines. [*L.* 1. *Tit.* 3. §. 2. *ff. de ſegg.*]

Toutes les Loix en general, & de toute Nature, ſi reduiſent a deux espèces: l'une des Loix qui ſont immuables, & l'autre de celles qui

qui ſont arbitraires. Celles de la première claſſe ſont des ſuites de ce que Dieu a établi; celles-cy derivent de l'inſtitution des hommes. [*Voyés Domat*, *Traité des Loix*. *Ch.* 11.]

Ch. 2. *Le deſir que Hobbes donne d'abord aux hommes de ſe ſubjuguer les uns les autres*, *n'est pas raiſonnable.*

Ce ſentiment de Hobbes est ſoutenu par beaucoup d'auteurs; entr'autres par Huber, qui du reste n'est gueres de ſon avis. Voici ſes paroles: *Non recuſamus igitur primam Hobbeſii poſitionem*, *quod Status Naturalis ſit bellum omnium contra omnes.* [*De Jure Civit. L.* 1. *Sect.* 1. *C.* 3.]

Bodin penſe de même, & pour appuyer ſon ſentiment il cite Plutarque & la Geneſe: en diſant: Fuit enim primum genus hominum rapinis, cædibus & latrociniis detitisſimum; & cui nihil prius esſet quam grasſari & occidere, aut imbecilliores ſervitute premere. [*L.* 3. *C.* 7.]

D'ailleurs l'égalité des hommes dans l'etat

 de

de Nature peut facilement les engager a se nuire, suivant cette idée de S. Chrysostome: ἰσοτιμία μάχην ποιεῖ. l'égalité cause le combat.—

Ch. 3. *Sitot que les hommes sont en societe — l'etat de guerre commence.*

Ici l'auteur se rapproche du sentiment de Hobbes: car on ne concoit pas que les hommes puissent vivre, au moins longtems, sans etre en societé.

Ibid. *Ces deux sortes d'etat de guerre font établir les loix parmi les hommes.*

Il me paroit plus naturel d'attribuer l'établissement des loix positives a la nécessité de regler de certaines difficultés qui naissent dans l'application des loix immuables, & a l'invention de certains usages, qu'on a cru utiles a la Societé, comme fiefs, cens, rentes, retraits, &c. c'est ainsi que pense Domat, Traité des Loix Ch. 10.

Ibid. *L'objet de la guerre c'est la victoire; celui*

celui de la victoire la conquete; celui de la conquete la converſation.

J'aimerais mieux poſer directement pour objet de la guerre la conſervation, ſans y faire intervenir la victoire, que dicte l'ambition, & la conquete, qui nait de l'intéret. C'est dans ce ſens que Tite-Live s'exprime, en diſant: Justum est bellum, quibus necesſarium; & pia arma quibus nulla niſi in armis relinquitur ſpes. [*L.* 9. *C.* 1.]

Ibid. *Il vaut mieux dire que le Gouvernement le plus conforme a la nature est celui dont la diſpoſition particuliere ſe rapporte mieux a la diſpoſition du peuple pour lequel il est établi.*

Ceci rapelle le dire de Pope, *Esſaì ſur l'homme Ep.* 3. *v.* 303. 304.

For forms of Government let fools contest,
Whate' er is best administerd, is best.

Ibid. *Elles [les Loix] doivent etre tellement propres au peuple pour lequel elles ſont faites,*

 que

que c'est un très grand hazard ſi celles d'une Nation peuvent convenir a une autre.

C'est dans cet esprit que Solon repliqua a ceux qui lui demanderent, ſi les loix, qu'il avoit donné aux Atheniens etoient les meilleures: ce ſont, dit-il, les meilleures qu'ils puiſſent ſouffrir.

LIVRE II. CH. I.

Il y a trois espèces de Gouvernemens. Le Républicain, le Monarchique & le Despotique.

Cette distinction de Gouvernemens a été beaucoup critiquée. Preferera-t-on peut-être celle que fait le B. de Bielfelt [*Inſtitut. Polit. Ch.* 3. §. 8.] Regulierement, dit-il, un Etat ne ſcauroit etre gouverné que par un ſeul, par Pluſieurs, ou par Tous. C'est ainſi que penſoit Tacite: [*Annal. L.* 4. *C.* 33.] Cunctas nationes & urbes Populus, Primores, aut ſinguli regunt.

Ibid. —— *Les Loix qui ſuivent directement cette*

cette nature — sont les premieres Loix fondamentales.

Il me paroit que les premieres Loix fondamentales ne suivent pas seulement la nature [Républicaine, Monarchique ou Despotique] du Gouvernement; mais qu'elles accompagnent ou précédent cette nature ou Constitution: car j'entens par Loix fondamentales [que l'auteur ne definit pas] des regles qu'on établit, avant de conférer a quelqu'un le Gouvernement, ou en le fondant, pour qu'elles soyent la base de l'administration.

En voici un exemple. Lorsque l'invasion des Lombards en Italie au VI Siecle accasionna une grande émigration des personnes, qui se refugierent dans les lagunes de Venise; ceux qui s'y trouvoient déjà établis firent une loi par laquelle ils si reserverent a eux seuls & a leurs descendans le pouvoir de gouverner sous le nom de Nobles, en reglant que tous ceux qui ensuite viendroient habiter ces lieux, seroient reputés sujets & formeroient la classe du peuple, sans avoir jamais part au Gouvernement.

 C'est

C'est ainſi que l'Aristocratie de Veniſe fut fondée, & voila ce qui en conſtituë la loi fondamentales. Voyés Machiavel, Disputat. *L.* 1. *C.* 6.

Ch. 2. *Il faut qu'il [le peuple] eliſe les membres [du Senat] — lui même, — ou par quelque Magistrat qu'il a établi pour les elite, comme cela ſe pratiquoit a Rome dans quelques occaſions.*

Il ne m'est pas aiſé de comprendre, pourquoi l'auteur dit, que *dans quelques occaſions* les membres du Senat etoient elus a Rome par un Magistrat établi pour cela; tandis que la choſe eut lieu *toujours* d'abord par les Conſuls, enſuite par les Cenſeurs. Ceci a été remarqué par Crevier, *Obſervations ſur l'Esprit des Loix p.* 9.

Ch. 3. *Dans toute Magistrature — un an est le tems que la plupart des Legislateurs ont fixé.*

Bodin [*de Republ. L.* 4. *C.* 4.] penſe de même, & il en donne cette raiſon, que rien n'enn'engage plus les Citoyens a etre vertueux, que l'espoir d'avoir part a la Magistrature.

Ibid. *Les Anglois — ont oté toutes les Puissances intermediaires, qui formoient leur Monarchie.*

L'auteur venoit de dire, que le pouvoir intermediaire ſubordonné le plus naturel dans une Monarchie est celui de la Nobleſſe. N'est ce pas là la chambre des Pairs, & la chambre des Communes n'est elles pas auſſi une Puiſſance intermediaire en Angleterre.

Ch. 4. *Elle* [*la Nobleſſe*] *entre en quelque façon dans l'eſſence de la Monarchie, dont la maxime fondamentale est, point de Monarque, point de Nobleſſe; point de Nobleſſe, point de Monarque.*

Il n'y avoit pas encore de Nobles en France ſous les Rois de la premiere, & longtems ſous ceux de la deuxieme race. — Les distinctions etoient perſonelles. Les premieres lettres d'innobliſſement ſont du tems de Philippe le Hardi, fils de de S. Louis, en 1270. ou environ, en faveur de Raoul l'orfevre ou l'argentier du Roi.

LIVRE III. CH. III.

Dans un Etat populaire il faut un resſort de plus qui est la vertu.

C'est la précisément l'idée de Bodin, qui dit: [*de Républ. L.* 4. *C.* 4. *init.*] — Rerum omnium publicarum præcipuus, idemque optimus finis est virtus. Aristote a pensé de même. Voyés la Politique *L.* 3. *C.* 4. & ailleurs.

Ch. 6. *Que si dans le peuple il se trouve quelque malheureux honnête-homme, le Cardinal de Richelieu dans son Testament Politique insinue qu'un Monarque doit se garder de s'en servir.*

Cette citation n'est pas exacte. Voici les paroles: [au Ch. 4.] On peut dire hardiment que de deux personnes, dont le merite est egal, celle qui est la plus aisée dans ses affaires est preferable a l'autre. Encore faut-il observer que

que d'après le ſentiment de Voltaire, & de pluſieurs autres ſavans, ce Testament Politiques n'est qu'une pièce ſuppoſée.—

Ch. 10. *Dans les Etats Despotiques —— l'homme est une creature qui obéït a une creature qui veut.*

Je trouve un exemple frappant de cette obéïsſance illimitée, dans l'histoire des Califes, ſur l'an 931. Abu-Thaher s'avance vers Bagdad avec 500 hommes. Le Général de Moćtader s'oppoſé a lui avec 30000 hommes, & fait ſommer ſon ennemi de ſe rendre. Abu-Thaher refuſe, & ſans ſe deconcerter de la disproportion du nombre, il repond: Dites a votre Général que ſes Soldats ne valent pas les miens. Il ordonne en même tems a trois des ſiens, a l'un de ſe couper la gorge, a l'autre de ſe jetter dans le Tigre, & au troiſieme de ſe precipiter d'une hauteur: tous trois obéïsſent ſans héſiter en preſence de l'Envoyé.—

LIVRE

LIVRE IV. CH. VIII.

Polybe — nous dit, que la musique etoit nécessaire pour adoucir les mœurs des Arcades.

C'est probablement la raison pourquoi, au rapport du même auteur [Livre 4.] ils etoient obligés de l'apprendre.

Ibid. *Platon ne craint point de dire, que l'on ne peut faire de changement dans la musique, qui n'en soit un dans la Constitution de l'Etat.*

Ciceron fait la même remarque, lorsqu'après avoir raisonné sur l'influence de la musique chez les Grecs, il dit: Quamobrem ille quidem sapientissimus Græciæ vir, longeque doctissimus [Plato] negat, mutari posse musicas leges, sine mutatione legum publicarum. [de Legg. *L.* 2. *C.* 15.

Une grande preuve de l'importance qu'on mettoit a la musique en Grece, est, que lorsque les Mityleniens eurent obtenu l'Empire de

la

la mer, ils etablirent pour punir la defiction de leurs alliés, qu'il feroit defendu a leurs enfans d'apprendre les lettres & la mufique, jugeant que la plus grande punition etoit l'ignorance de ces deux objets: au rapport d'Ælien L. 7. Ch. 15.

Aulu-Gelle nous apprend [L. 4. Ch. 13.] qu'on croyoit anciennement la mufique propre a reprimer la douleur des Sciatiques. Il ajoute avoir trouvé dans un livre de Theophraste, qu'une mufique bien cadencée etoit le remede de ceux qui avoient été mordus par des viperes: comme, dit-il la liaifon du corps est de l'ame est fort etroite, ainfi les remèdes de l'une fervent a l'autre.

Ajoutons encore, que Clinias, Philofophe Pythagoricien avoit coutume de jouer de la lyre, lorsqu'il fe fentoit atteint de colere; il difoit: c'est ainfi que je m'appaife. Ælien L. 14. Ch. 23.

Au reste il ne fera pas inutile d'obferver, que toutes les fois que les auteurs Grecs parlent

lent de muſique, (Μȣσικη) ils n'entendent pas excluſivement par là l'art des inſtrumens & du chant. Ce n'est pas, par exemple, dans ce ſens que le mot est employé par Ælien, lorsqu'il dit, [L. 12. Ch. 50.] qui les Lacedemoniens ne l'apprennent pas, s'appliquant a la ſeule Gymnastique; & que lorsqu'ils ont beſoin des Muſes pour ſubvenir a quelque maladie, ſoit de demence ou autre pareille, ils recourent a des médécins étrangers, comme Terpandre, Thales, Tyrtæe &c. & Thucydide atteste, ajoute-il, qu'ils ne cultivoient pas les Sciences, lorsqu'il dit que Braſidas n'etoit pas eloquent, parceque c'etoit un Lacedemonien, c'est-a-dire, un idiot.

L'Etymologie du mot vient a l'appui de ce ſentiment. Suidas le derive de μαώ, chercher, deſirer: d'autres παρά τό μυεῖν, d'apprendre, ou d'inſtruire: c'est ainſi que le mot ἄμȣσος ſignifie ignorant, idiot: & que les Muſes ſont reputées preſider aux Sciences: ὀυτε μȣσῶν ʼȣΓε χαρίτων σπȣδεις ἀνήρ dit Plutarque dans la vie de Romulus. — Le même auteur employe le mot μȣσικη' pour ſimplicité, frugalité, lorsqu'il dit, que

Platon

Platon ayant retiré Timothée des repas recherchés & magnifiques, lui donna dans l'Academie a souper μυστικῶς καὶ ἀφελῶς, c'est-a-dire, frugalement & simplement. [Sympos. L. 6. Probl. 1. initio.]

Ibid. a la fin. *Nous rougissons de lire dans Plutarque, que les Thebains, pour adoucir les mœurs de leurs jeunes-gens, établirent par les Loix un amour, qui devroit être proscrit par toutes les Nations du monde.*

Le passage de Plutarque, dans la vie de Pelopidas, cité en marge, ne porte pas cela: voici ses paroles: λαμπρὸν δὲ τὸν ἔρωτα ταῖς παλαίστραις ἐνεθρέψαντο, συγκεραννύντες τὰ ἤθη τῶν νέων: adhæc præclarum amorem in palæstris aluerunt ad temperandos adolescentium mores.

Il n'y a aucune nécessité de prendre ceci dans le sens qu'à fait notre auteur; car le mot ἔρως ne signifié pas toujours amour, mais aussi attachement, désir: c'est ainsi que Platon dit: ἔρωτα ἔχω τοῦτο, & que dans Xenophon ἐραστὴς, au lieu d'amant désigné studieux, curieux: ἐραστὴς δόξης καὶ τιμῆς.

Ausſi Plutarque ne blame-t-il pas cet uſage; & il le rapporte a la ſuite d'une autre inſtitution des Thebains, qui avoit preté a la mediſance; c'est celle du Bataillon ſacré, levé d'abord par Gorgidas, & composé de 300 hommes choiſis, nourris aux frais de l'etat. Il ajoute, que certains auteurs avoient attribués a cette cohorte un amour infame, mais il refute ce blame, & rapporte, qu'après la bataille de Cheronée, ou ces 300 avoient tous peris, Philippe, en deplorant leur ſort, avoit dit: malheur a ceux qui penſent que ceux-ci puisſent faire ou ſouffrir quelque choſe honteuſe.

LIVRE V. CH. III.

L'amour de la Democratie est celui de l'égalité.

C'est la preciſement comme penſe Aristote, lorsqu'il dit: [*Polit. L.* 4. C. 11.] βέλεται δέγε ἡ πόλις ἐξ ἴσων ἕιναι καὶ ὁμοίων ὅτι μάλισα.

Ibid. *L'amour de l'égalité dans une Democratie borne l'ambition a ſeul deſir, au ſeul bonheur*

bonheur de rendre de plus grands ſervices a ſa patrie que les autres Citoyens.

Le trait ſuivant, digne des plus grands eloges, eſt bien propre a confirmer a principe. Dexippus, natif de l'Isle de Cos, & diſciple d'Hypocrate, fut mandé par Hecatombe, Roi de Carie, pour guerir Mauzole & Pexadare, malades a l'extremité, & abandonnés des Médécins. Il les entreprit & les guerit, mais ce ne fut qu'après avoir fait cette condition, que le Roi leur pere ceſſeroit de faire la guerre a l'Isle de Cos. [Suidas au mot Δέξιππος.]

Ch. 6. —*l'Esprit de Commerce entraine avec ſoi celui de frugalité &c.*

Le déſir du gain s'accroit par le gain même; c'eſt ce qui rend l'œconomie & la frugalité les qualités les plus ordinaires aux marchands; & l'avarice eſt un vice auſſi commun dans la profeſſion du commerce, qui la prodigalité parmi les proprietaires des terres. [*Hume eſſai ſur l'intérêt de l'argent. p.* 103.]

Ibid. *Pour maintenir l'esprit de commerce, il faut que les principaux Citoyens le fassent eux-mêmes.*

C'est ce qui a lieu dans les principales Villes d'Hollande: le commerce s'y allie avec la Magistrature, & ceux qui l'exercent prennent part au Gouvernement; quelquefois même aux Ambassades.

Ibid. *C'est une bonne loi dans une Republique commerçante, que celle qui donne a tous les enfans une portion egale dans la succession de leurs peres.*

Cette égalité de partage est établie en Hollande; & ce n'est que dans des cas particuliers qu'on y deroge par des dispositions testamentaires.

Ibid. *Solon fit un crime de l'oisivété, & voulut que chaque Citoyen rendit compte de la maniere dont il gagnoit sa vie.*

Il y a plus; car une loi d'Athenes obligeoit les

les péres d'apprendre a leurs enfans quelque metier dont il puisfent vivre; & la loi qui obligeoit les enfans a nourrir leurs pauvres parens exemptoit de ce devoir les enfans a qui les péres n'auroient fait apprendre aucun metier. [*Voyés Meurs Themis Attica L.* 1. *C.* 3.]

Ch. 7. *La loi Romaine qui vouloit que l'accusation de l'adultere fut publique, etoit admirable.*

J'avouë ne pas comprendre, comment l'accusation publique de l'adultere est placée ici, de même qu'au Livre 7. Ch. 10. parmi les moyens propres a favoriser le principe de la Democratie chez les Romains; puisqu'on ne trouve pas, qu'avant la lex Julia de Adulteriis, faite par Auguste, les Loix Romaines ayent rien statuée de pareil sur l'adultere; jusques là les cas de femmes, qui s'en etoient rendues coupables etoient jugées au Tribunal domestique.

L'auteur auroit-il en vue la loi de Romulus, rapportée par Plutarque, [*Vie de Romulus*] qui permet au mari de repudier sa femme, si elle

 avoit

avoit commis un adultere? mais cette loi ne parle pas d'accusation publique: ausfi Rome subsista-t-elle très longtems sans aucun exemple de repude, comme le disent les auteurs anciens, cites par le notre au Livre 16. Ch. 16.

Le Docteur Voet [*ad Leg. Juliam de Adulteriis* N°. 10.] prouve au contraire par le témoignage de plusieurs ecrivans, qu'anciennement a Rome la punition de l'adultere n'etoit point publique: privatim punita adulteria olim, mariti arbitrio, ubi ille causam cum propinquis cognovisset. Voyés ausfi Beaufort, *Republ. Rom. T.* 2. *p.* 94.

Je ne puis m'empecher d'ajouter ici un passage de Plaute, qui vivoit avant Auguste; c'est un tableau naïf de la maniere dont l'adultére etoit envisagé de son tems. Voici le Colloque: L. Quid de Adulterio? Q. atat hoc etiam crimen est. L. Quando autem licitum esse cœpit? Q. Men'rogas? quasi tu nescias, hoc est, quod nec permitti, nec prohiberi potest.

Ch. 9. *L'honneur est, pour ainſi dire, l'enfant & le pere de la Nobleſſe.*

C'est dans ce ſens que Ciceron dit fort bien: Hoc generi humano prope a natura datum, ut in qua familia laus aliqua floruerit, hanc fere qui ſunt ejus ſtirpis, cupidisſime perſequantur. [*pro Rabirio C.* 1.]

Et Saluste: Præclaros viros, cum majorum imagines intuentur, vehementisſime ſibi animum ad virtutem accendi. [*de Bello Jugurth. C.* 4.]

Ch. 14. *Lorsque le Prince est enfermé, [dans les Etats Despotiques] il ne peut ſortir du ſéjour de la volupté ſans deſoler tous ceux qui l'y retiennent —— il est caché, & l'on ignore l'etat où il ſe trouve.*

A Siam le Prince est toujours dans le Palais de Louvo. Lorsque M. de Chaumont y eut en 1686 ſon audiance, le Roi parut a une fenêtre, donnant dans la Salle où etoit l'Ambasſadeur, & reçut au moyen d'une coupe ayant un manche de trois pieds & demi la lettre du Roi de

France, que l'Ambasſadeur eleva jusqu'à lui. Sa principale grandeur est de ſe voir monté bien au desſus de ceux qui paroisſent devant lui: c'est une marque de la Souveraine puisſance. [*Memoires de Forbin*, *pag.* 107. *& ſuiv.*]

Ibid. *Dans les Etats ou il n'y a pas de loix fondamentales, la ſuccesſion a l'Empire ne ſauroit être fixée— chaque Prince de la famille Royale ayant une égale capacité pour être elu &c.*

Il peut en réſulter ſouvent ce que Pyrrhus predit a ſes fils, c'est que celui d'entr'eux regneroit, dont l'epée ſeroit la plus aiguë. [*Plutarque vie de Pyrrhus.*] Euripide dit quelque choſe d'approchant [*in Phœnisſ.*] Θήκτῳ σιδήρῳ δῶμα διαλαχεῖν τόδε &c. Les freres partageront l'Empire avec le tranchant de l'epée.

Ch. 15. *Dans les Republiques les confiscations feroient le mal d'oter l'égalité, qui en fait l'ame, en privant un Citoyen de ſon necesſaire phyſique.*

Elles

Elles font deplus injustes en ce quelles dépouillent l'héritier innocent des biens d'un pere coupable. De tout tems la confiscation avoit lieu en Hollande, comme ailleurs: mais depuis que ce païs s'est formé en République on l'a abolie fans exception quelconque.

Ch. 17. *C'est un ufage reçu dans les Etats Despotiques que l'on n'aborde qui que ce foit au-desfus de foi fans lui faire un prefent, pas même les Rois.*

Suivant une ancienne loi en Perfe, lorsque le Roi pasfoit chacun etoit obligé de lui offrir un prefent d'après fon etat & fes facultés. Ælien qui rapporte ceci [L. 1. Ch. 31 & 32] y ajoute l'histoire d'un homme, qui, a la rencontre du Roi fe trouvant au dépourvu, courut vite au fleuve voifin, en prit de l'eau, & l'offrit au Roi.

Ibid. *Dans les Republiques les prefens font une chofe odieufe, parce que la vertu n'en a pas befoin.*

Ils y ſont deplus dangereux entant que moyens de corruption. C'est ce qui a fair établir en Hollande, que celui qui reçoit un emploi est obligé de jurer, que pour l'obtenir, il n'a rien promis ni donné, ni ne le fera enſuite: & que durant ſa gestion il ne recevra de preſens de qui que ce ſoit, ſous peine d'être privé de ſa charge, & d'encourir la punition de fausſaire.

Ch. 19. *Mettra-t-on ſur une même tête les emplois civils & militaires? Il faut les unir dans la Republique — il y ſeroit bien dangereux de faire de la profeſſion des armes un etat particulier, distingué de celui qui a les fonctions civiles.*

Je crois que ceci doit ſe prendre dans un ſens limité, & ne pas s'etendre aux Republiques qui ont conſtament des armées ſoudoyées ſur pied, entant qu'expoſées a de frequentes guerres. Là, comme dans les Monarchies, la gloire, ou du moins l'honneur & la fortune feront l'objet des Militaires, & leur education jointe aux fonctions asſidues de l'etat des armes, les rendra moins propres aux emplois civils.

Ce

Ce ſera pourtant une bonne loi de ne pas leur interdire l'entrée dans le Corps Législatif de la Nation, ce qui a lieu dans quelque unes des Provinces-Unies des Païs-Bas.—

LIVRE VI. CH. II.

Les hommes ſont tous egaux dans le Gouvernement Republicain.

C'est ce que Marius exprima fort bien dans une harangue au peuple, en reponſe a ceux qui par envie, lui reprochoient ſa naisſance obſcure [novitatem] lorsqu'il dit:— Ego naturam unam & communem omnium existimo, ſed fortisſimum quemque generoſisſimum. [*Saluste de Bello Jugurth. C.* 85.

Ch. 8. *A Rome [& dans bien d'autres cités] il etoit permis a un Citoyen d'en accuſer un autre; cela etoit établi ſelon l'esprit de la Republique.*

Timoleon en donna un bel exemple a Syracuſe, lorsqu'il temoigna ſa ſatisfaction de ce qu'un qu'un vau-rien le cita pour un crime ſuppoſé. C'est une espèce de liberté, dit-il, qu'un chacun puisſe esſayer d'obtenir par les loix ce qu'il veut, & c'est a quoi mes travaux & mes dangers ont toujours tendus. Dans une occaſion. pareille il protesta d'avoir conſtament prié les Dieux, qu'ils rendisſent la liberté a Syracuſe au point qu'un chacun put accuſer impunement un autre. [C. Nepos Timol. infine.]

Ch. 9. *La ſeverité des peines convient mieux au Gouvernement Despotique — qu'a la Monarchie & a la Republique.*

Les Romains pouvoient ſe vanter, qu'aucune Nation n'employoit des peines plus douces dit Tite-Live L. 1. C. 28. ſuv. la fin.——

Ibid. *Dans ces Etats un bon Legislateur s'attachera moins a punir les crimes qu'a les prevenir.*

Nam, ut ait Plato, nemo prudens punit quia peccatum est, ſed ne peccetur. Seneca de ira.

Ch.

Ch. 15. *La loi des* XII *Tables est pleine de dispositions très cruelles.*

Je ne puis souscrire a cet avis après les avoir examinées, & nomement la Table II. & VII. où il est question de peines. J'ai d'ailleurs pour moi l'autorité de Ciceron, qui dit: Nostræ XII. Tabulæ cum perpaucas res capite sanxissent. Voyés le commentaire de Geoffroy, *Opera Minora, ad Tab.* VII. *p.* 118.

Il y a dans Aule-Gelle [*L.* 20. *Ch.* 1.] un long discours sur les peines portées par la loi des XII Tables: le Jurisconsulte Sextus Cæcilius, qui les explique, y dit entr'autres: Durè autem scripium esse in istis legibus quid existimari potest?

Ibid. Note: *On y trouve le supplice du feu — le vol puni de mort.*

On peut observer, que le supplice du feu n'y est établi que contre les incendiaires [Tab. VII.] & que le vol n'est puni de mort que dans les esclaves [Tab. II.] les hom-

hommes libres pouvoient même composer sur les vols.

Ch. 17. *De la question ou torture contre les Criminels.*

Les Rhodiens sont, a ce que l'on croit, les premiers qui ont employé la torture. Elle fut ensuite pratiquée a Mitylene. Ælien en parle au Livre 13. Ch. 2.

Ibid. *On juge aussi que tout enfant conçu pendant le mariage est legitime.*

C'est d'après la regle: Pater est, quem nuptiæ demonstrant.

La loi des XII Tables est bien favorable aux femmes sur ce point, elle porte [Tab. IV.] si filius patri, post mortem ejus, intra decem menses proximos a morte natus ex uxore erit, justus ei filius esto.

L'Empereur Hadrien a deidé qu'on peut accoucher dans l'onzieme mois. Voyés ceci & d'autres d'autres singularités sur la même maticre dans Aule-Gelle Liv. 3. C. 16.

LIVRE VII. CH. XVII.

Il est contre la raison & contre la Nature que les femmes soyent maitresses dans la maison, comme cela etoit établi chez les Egyptiens.

Quelques auteurs ont écrit, que chez les Sarmates, peuples du Nord de l'Europe, la même chose avoit lieu; qu'ils obéïssoient en tout a leurs femmes, & que pour cela on les appelloit γυναικοκρατȣ́μενοι. [Voyés Nicolas de Damas, de moribus Gentium.]

Tacite parlant des Sitons, habitans de la Norvege, dit, que la femme y domine: mais je doute s'il faut entendre ceci du Gouvernement domestique; vu qu'il ajoute qu'on cela ils degenerent de la liberté. [des autres Germains.] On en jugera mieux par le passage même, que voici: Suionibus Sitonum gens continuatur: cetera similes uno differunt, quod femina dominatur: in tantum non modo a libertate, sed etiam,

etiam a servitute differunt. [de M. G. C. 45. a la fin.]

Ibid. *Mais il ne l'est pas qu'elles gouvernent un Empire.*

Sans recourir a l'histoire de Semiramis, & a celle des Amazones, dont les anciens nous content tant de merveilles, le principe de l'auteur se trouve confirmé d'une façon toute particuliere de nos jours & depuis qu'il composa son ouvrage, par les glorieux regnes de Marie Therèse en Allemagne, & de Catherine II. en Russie.

Ch. 5. *L'Aristocratie se corrompt lorsque le pouvoir des Nobles devient arbitraire.*

L'exemple de corruption que donnerent les Seigneurs Rhodiens est digne de remarque. Ils porterent leur licence effrenée jusqu'à jouer a trois dez l'honneur des femmes, en etablissant pour regle que le perdant seroit obligé d'emmener la Dame jouée a celui qui l'avoit gagné; & qu'il employeroit toutes sortes de machines pour

pour la lui mettre entre les bras. Ceci est rapporté par Athenée, cité par Bayle au mot *Hegesilochus*.

Ch. 11. *Les Cretois, pour tenir les premiers Magistrats dans la dependance des Loix, employoient un moyen bien singulier, c'etoit l'Insurrection. Aristote Polit. L. 2. Ch. 10.*

Aristote ni parle pas si avantageusement de cette Insurrection, que l'auteur paroit l'envisager ici. Le passage cité est au Ch. 8. [& non 10.] Après avoir comparé le Gouvernement de Lacedemone a celui de Crete, il dit que chez ceux-ci le peuple pour remedier a la corruption des Cosmes, qui etoient les premiers Magistrats, se soulevoit, & employoit le moyen absurde & seditieux de les chasser, ou de les forcer a rentrer dans la condition privée: usage blamable, en ce qu'il bouleverse l'Etat & detruit la Societé.

Ibid. *Cela etoit censé fait en consequence de la Loi.*

Aristote ne dit rien d'approchant, il avance même le contraire, lorsqu'il ajoute au ſujet de cette Inſurrection du peuple; qu'il vaudroit mieux que cela ſe fit en conſequence de quelque Loi, que par le caprice de la multitude, puisque cette maniere n'est pas ſure. En liſant le reste du chapitre allegué on verra que le Gouvernement de Crete, outre pluſieurs defauts, etoit fort tumultueux.

Ch. 13. a la fin: *Rome etoit un vaisſeau tenu, dans la tempete, par deux ancres, la Religion & les mœurs.* —

On peut voir dans Valere-Maxime [*L.* 1. *Ch.* 1. *de Religione*] que la Religion etoit respectée au ſuprême degré: il en rapporte beaucoup de preuves, & dit: omnia namque post Religionem ponenda ſemper nostra duxit civitas.

Ch. 17. *Un Etat Monarchique doit être d'une grandeur mediocre.*

C'est peut-être ce que ſentit Auguste, lorsque dans le commentaire ecrit de ſa main, qu'il laisſa

laissa en mourant, il donna le conseil de contenir l'Empire dans ses bornes. Tacite dit: qu'on ignoroit si c'etoit par crainte, ou par envie. [L. 1. §. 11.]

LIVRE IX. CH. I. NOTE.

Elle (la Hollande) est formée par environ cinquante Republiques toutes differentes les unes des autres.

Cette description n'est pas juste. Car la Republique d'Hollande est composée de sept Provinces, ayant chacune une constitution différente; ce sont elles qui se sont liguées pour se soustraire a la domination de l'Espagne: & ce ne sont pas les villes qui ont formé l'association; vû que ni avant ni après ce tems, elles ne jouïssoient pas seules du droit de suffrage, mais qu'elles le partageoient avec le clergé, le corps des Nobles, & les Représentans du plat païs.

Ch. 3. *Une Republique, qui s'est unie par une confédération politique, s'est donnée toute entiere, & n'a plus rien a donner.*

Ceci doit s'entendre dans un ſens limite. Car dans la Republique d'Hollande, par exemple, bien qu'une Province ne puiſſe faire une Alliance, ni même traiter avec une Puiſſance etrangère, ſans le conſentement des autres, chacune n'en exerce pas moins les droits de Souverainité abſolue, entant que la conſédera-tion n'y est point directement intereſſée, & ſur tous les points, dont il n'a pas été renoncé ex-preſſement par le pacte d'aſſociation: c'est ainſi que chaque Province diſpoſe de ſon Gouverne-ment politique & civil, regle ſes Impôts, diri-gé ſes Finances, &c. avec une parfaite inde-pendance. On voit donc, que cette Republi-que federative ne s'est pas donnée toute entiere; & que le but principal de ſon aſſociation n'a été que de pouvoir ſe defendre contre la force etrangère.

Ibid. *S'il falloit donner un modele d'une belle Republique federative, je prendrois la Republique de Lycie.*

On pourroit donner encore pour un beau modele en ce genre la Republique federative des

des Achéens. Elle consistoit en douze Villes confédérées, ayant toutes les mêmes Loix, ainsi que la même monnoye, poids & mesures. Les Magistrats y etoient partout les mêmes, & leur union si etroite, qu'on auroit pris le Peloponese pour une seule Ville, si tous ses habitans avoient pu être entourés des mêmes murailles; tant le rapport entre les differentes Villes etoit grand. Deux Gouverneurs & un Secretaire etoient a la tête de cet Etat. Les Assemblées de la Nation ne pouvoient durer au delà de trois jours. On ne donnoit point d'audiance aux Ambassadeurs etrangers, avant qu'ils eussent declaré par ecrit le contenu de leurs ordres. Une seule Ville ne pouvoit envoyer des Ambassadeurs aux puissances etrangeres. Personne n'avoit la permission de recevoir un present de quelque Roi que ce fut. Voyés Polybe Livre 2. Ce qui fait particulierement l'eloge de cette confederation c'est l'ordre de ne rien negliger pour la dissoudre donné par le Senat de Rome au Proconsul Gallus, avant que d'attaquer ouvertement la Grece.

Ensuite des dissentions civiles troublerent cette belle Republique au point que les mecontens appellerent chez eux les Romains, qui venus d'abord sur le pied d'amis pour y retablir le calme, ne manquerent pas de pretexte pour s'en rendre maitres: ils detruisirent l'union, & changerent toute la Grece en Province Romaine dans la CLVIII^{me}. Olympiade.

C'est ainsi que du tems de Justinien les Lombards furent attirés en Italie, & s'y maintinrent. C'est ainsi encore, que dans le huitieme siecle des querelles particulieres firent succeder le regne des Sarrasins a celui des Goths en Espagne: & que de nos jours les François se sont emparés de la Belgique & de la Hollande.

Ch. 10. *Lorsqu'on a pour voisin un Etat qui est dans sa decadence, on doit bien se garder de hater sa ruïne.*

D'apres ce principe les Puissances voisines de la Pologne n'ont pas suivi leurs veritables intérêts, en detruisant ce Royaume, & en se le partageant entr'elles.

C'est

C'est une maxime generale, dit l'Abbé de Mably dans ses principes des Negotiations, & qui peut-être ne souffre aucune exception, qu'une Puissance ne doit jamais être ennemie d'un Etat plus foible qu'elle.—

LIVRE X. CH. III.

Les auteurs de notre Droit Public, fondés sur les Histoires anciennes — sont tombés dans de grandes erreurs. — Ils ont supposé dans les conquerans un droit je ne sçais quel de tuër.

Du droit de tuër dans la conquête les Politiques ont tiré le droit de reduire en servitude.

Grotius après avoir traité avec autant d'erudition que d'etenduë du droit de tuër les ennemis dans une guerre en forme [Livre 3. Ch. 4.] ainsi que de celui qu'on a sur les prisoniers de guerre, pense sur ce dernier point comme notre auteur, lorsqu'il dit: Les Chretiens ont seulement conservé l'usage de garder les prisoniers de guerre jusqu'à ce qu'on ait payé leur rançon, dont l'estimation depend du vainqueur, a moins qu'il n'y ait quelque tarif qui la fixé. [*Ch. 7. sur la fin.*]

Ch. 5. *Le plus beau Traité de paix dont l'Histoire ait parlé, est, je crois, celui que Gélon fit avec les Carthaginois. Il voulut qu'ils abolissent la coutume d'immoler leurs enfans.*

Ce n'etoit pourtant pas la tout ce qu'il leur demanda. Le Traité portoit trois autres articles. I. Que les Carthaginois lui payeroient 2000 talens pour les fraix de la guerre. II. Qu'ils batiroient deux Temples, où les Tables du Traité seroient religeusement conservées: enfin qu'ils donneroient a la Reine Demarete une couronne d'or de 100 talens. On voit par la que l'ambition & l'avarice avoient leur bonne part a ce Traité.

Ch. 14. *Le projet d'Alexandre ne reussit que parce qu'il etoit sensé.*

Ceci rappelle ce mot de Tite-Live: Omnia ratione gesta etiam fortuna sequitur. Il dit ailleurs: Populus Romanus eo invictus est, quod

in

in ſecundis rebus ſapere & conſulere meminerit: raro quippe bona fortuna & bona mens datur hominibus.

Ch. 17. *Les Romains etoient donc bien genereux, qui faiſoient partout des Rois, pour avoir des inſtrumens de ſervitude.* [*Note*] *Ut haberent inſtrumenta ſervitutis & Reges.*

Ce n'est pas ce qu'a voulu dire Tacite dans le pasſage allegué, [in vita Agricolæ] & je ne crains point d'avancer, que notre Auteur n'en a pas bien ſaiſi le ſens; voici les paroles: —— Quædam civitates Cogiduno regi donatæ: [is ad nostram memoriam fidelisſimus manſit] veteri & jani pridem recepta populi Romani conſuetudine, ut haberent inſtrumenta ſervitutis & Reges.

Tacite entend ſimplement, que les Romains avoient coutume de ſe ſervir des Rois, comme d'inſtrumens de ſervitude; non pas d'en faire, mais de ſe les attacher par des bienfaits.

Ch. 5. *L'agrandisſement etoit l'objet de Rome.*

 Theodoſe,

Theodose, dans la Novelle des Testamens dit: comme il est avantageux que les Nations barbares soyent assujetties a notre Empire.

Ch. 8. *Avant que les Romains eussent englouti toutes les Republiques, il n'y avoit presque point de Roi nullepart — il falloit aller jusqu'en Perse pour trouver le Gouvernement d'un seul.*

C'est avec raison qu'on a critiqué ce passage, car il y avoit au tems, dont parle l'Auteur, des Rois en Macedoine, en Syrie, en Egypte, en Numedie & ailleurs. Voyés Justin. L. 17. C. 3.

Ch. 10. *Pour temperer le Gouvernement d'un seul Arribas Roi d'Epire n'imagina qu'une Republique. Justin. Liv. 17.*

L'Auteur n'a pas bien compris les paroles de Justin, cité en marge. Livre 17. Ch. 3. elles portent ce qui suit: Per ordinem deinde regnum [Epiri] ad Arrybam descendit — Athenis erudiendi gratia missus, quanto doctior majoribus suis, tanto gratior populo fuit. Primus itaque

Sena-

Senatum, annuosque Magistratus, & Reipublicæ forman composuit; & ut a Pyrrho sedes, sic vita cultior populo ab Arryba statuta. Hujus filius Neoptolemus — & Alexander post eum regnum tenuit — post ejus mortem frater Æacides regno successit.

Il est clair que le mot Respublica signifie ici, comme très souvent aillieurs, le Gouvernement, l'Etat; & qu'il n'y est pas question de la formation d'une Republique. Justin veut simplement donner a entendre, qu'Arrybas, Prince savant, fit des Loix & regla la constitution de l'Epire; dans le même sens qu'on pourroit dire du Czar Pierre I. Reipublicæ formam composuit. Voila donc tout le raisonnement qui croule; & il auroit mieux valu laisser la Arrybas. Je crois pouvoir appliquer ici ce mot de Voltaire: il ne faut pas donner des raisons de choses qui n'existent pas.

Ch. 11. *Chez les Grecs dans les tems Héroïques — ceux qui obtenoient le Royaume — etoient Rois, Pretres & Juges.*

C'est

C'est dans ce sens qu'Eschéle fait parler les Argiens a leur Roi.

Σύ τοι πόλις, σὺ δὲ τὸ δήμιον
Πρύτανις ἄκριτος ὤν. C'est vous qui êtes le peuple & l'Etat; vous êtes juge, & l'on ne peut pas vous juger.

Ibid. *Chez un peuple libre — le Monarque — n'avoit pas la Legislation.*

Thesée, Roi d'Athenes, reconnoit ceci, dans ces paroles d'Euripide:

Δῆμος δ' ἀνάσσει, κ' οὐχ ἑνὸς
Πρὸς ἄνδρας ἄρχεται πόλις. Ici le peuple ordonne, & l'Etat ne depend pas d'un seul.

Ch. 12. *Pour faire connoître le Gouvernement, [des Rois] je distinguerai, &c.*

Il est très difficile de bien connoître ce Gouvernement; puisque lors de l'incendie de Rome par les Gaulois, les archives ayant été consumées dans l'embrasement, les ecrivains, qui ont entre-

entrepris dans la ſuite de transmettre a la poſterité les faits anterieurs a cette epoque, n'ont pu ſe fonder que ſur des traditions vagues & incertaines. Plutarque en cite un exemple dans la vie de Numa. Ailleurs il dit en termes exprès, que l'ancienne histoire des Romains est corrompuë, &, ſuivant Polybe, remplie d'obſcurité par la confuſion des memoires. (περὶ τῆς Ῥωμαίων τύχης in fine.) Cette incertitude est palpable a differens egards: par exemple, les Historiens diſent, que la Royauté dura 244 ans.

Quelle apparence, que VII Rois, dont l'un a été detroné, & quatre ont péris de mort violente, ayent regné l'un pour l'autre 35 ans chacun. Voyés l'Esſai d'Algarotti ſur la durée de ces regnes, imprimé a la ſuite de ſes lettres ſur la Rusſie; il les reduit, pris enſemble, a 18 ou 20 ans chacun, d'après le ſystème de Newton, en concilie ainſi les evenemens de l'histoire d'une maniere ingenieuſe. On peut citer encore a l'appui de ce ſentiment, que les 30 Rois d'Angleterre, depuis Guillaume le conquerant, jusqu'à George I. ont regné 648 ans, ce qui porte 21½ ans pour chacun. Soixante

xante trois Rois de France ont regné enſemble 1200 ans, ce qui donne environ 20 ans pour chacun. Voila le cours de la nature. [Voyés Voltaire, melanges de Litterature & de Philoſophie Ch. 20.]

J'ai vû dans la Salle de l'hôtel de Ville a Frankfort les portraits de tous les Empereurs, depuis Conrad I. elu en 912 jusqu'à Joſeph II. leur nombre est de quarante trois, ce qui donne encore 20 ans a chacun.

Ibid. *La Conſtitution changea ſous Servius-Tullius. Le Senat n'eut point de part a ſon election.*

Ce que l'Auteur cite ici de Denis d'Halicarnaſſe n'est pas conforme au rapport de Tite-Live, qui dit: [Livre 1. Ch. 41. & ſuivans] que Servius-Tullius dut la couronne aux Grands & au Senat: qu'il voulut les en recompenſer, en reglant le Gouvernement de façon qu'ils y euſſent le plus de part &c.

Il n'augmenta donc pas non plus, ſuivant Tite-

Tite-Live, le pouvoir du peuple; quoiqu'il le dechargea en fait de tributs & de service militaire. On peut remarquer en general, que les faits rapportés par Denis d'Halicarnasse ne sont pas toujours egalement exacts ; ainsi que le prouve Beaufort dans sa Republique Romaine.

Le Droit Public de Rome seroit mieux connu, si les Tables faites par ordre de Vespasien n'avoient point péri. Suetone dit [*in Vespas. C.* 8.] — æenearum tabularum tria millia, quæ simul conflagraverant, restituenda suscepit, undique investigatis exemplaribus, instrumentum imperii pulcherrimum ac vetustissimum, quo continebantur pæne ab exordio Urbis Senatusconsulta, Plebiscita de societate & federe ac privilegio cuicumque concessis.

De tous les Auteurs modernes, qui ont traité du Gouvernement de l'ancienne Rome, Mr. de Beaufort me paroit avoir le mieux rempli cet objet dans son Livre de la Republique Romaine, où il apprecie & combine ce sisteme d'une maniere aussi docte que judicieuse.

Mr.

Mr. de Réal, qui ecrivit ſa Science du Gouvernement après lui, auroit mieux fait de le prendre pour modele, que de copier ſervilement des periodes entieres, & jusqu'aux notes mêmes du Traité qu'a composé notre illustre Auteur, ſur la grandeur des Romains, & leur decadence; Voyés ce plagiat au Tome. I. Ch. 2. Section 6. où il decrit le Gouvernement de Rome.

LIVRE XII. CH. IV.

Il y a quatre ſortes de crimes. Ceux de la premiere espèce choquent la Religion; ceux de la ſeconde les mœurs; ceux de la troiſieme la tranquilité, & ceux de la quatrieme la ſureté des citoyens.

La distinction des crimes, ſelon qu'ils bleſſent les differentes parties de l'ordre de la ſocieté, telle que la propoſe Mr. Domat dans ſon Traité du Droit Public, me paroit preférable; voici la distribution qu'il en fait:

I. Ceux dont le caractere est de bleſſer la

Majesté

Majesté Divine; tels que sont les blasphemes, impietés, heresies, les sacrileges & les sortileges.

II. Ceux qui blessent le Prince & l'Etat, comme les crimes de Leze-Majesté au premier & au second chef.

III. Les crimes qui blessent la Police generale, & l'ordre public, tels que sont les assemblées illicites, monopoles, fausse-monnoye.

IV. Ceux qui troublent les liaisons naturelles du mariage & de la naissance, comme l'adultere, la bigamie, le rapt, l'inceste, le parricide, la suppositions d'enfans, &c.

V. Ceux qui violent les differens engagemens entre particuliers; comme l'homicide, le meutre, le vol, la fausseté, les libelles diffamatoires, & les injures.

VI. Enfin les crimes qui troublent l'ordre public sans blesser personne; tels sont les faineans, les prodigues, ceux qui se desesperent, les femmes debauchées, & les crimes monstrueux.

Ch. 5. *Je n'ai point dit ici qu'il ne faloit point punir l'Heresie; je dis qu'il faut être très circonspect a la punir.*

Sans cet avertisſement poſitif, on feroit effectivement porté a croire, que l'Auteur ne penſe pas que l'Hereſie, & en general ce qui tend a detruire la Religion, ſoit du resſort des Loix criminelles: puisqu'il ne s'occupe dans ce chapitre qu'a prouver les fausſes idées & les abus qui ont eu lieu a cet egard; ſans dire mot ſur la maniere dont il convient de punir ces crimes; ce qu'il venoit de faire, dans le Ch. preſedent, par rapport a ceux qui attaquent les mœurs, la tranquilité, & la ſureté; après avoir poſé pour principe, que les peines que l'on infligé, doivent deriver de la nature de chacune des especes.

Il me paroit que dans ce ſens Mr. Domat est bien fondé a dire: Qu'on peut punir les Heretiques par l'excommunication, par leur oter les Egliſes, & leur defendre les asſemblées; ainſi

ainsi que par l'eloignement de leurs Ministres, & en les empechant de tenir des charges & d'exercer certaines professions: qu'il vaut donc mieux arreter l'Heresie & la reprimer par la douceur, que de la punir avec violence.

Ch. 6. *Justinien, dit Procope, publia une loi contre ce crime [contre-nature.]*

La punition du crime contre-nature ne fut d'abord a Rome que pecuniaire [decem millium.] Les Empereurs Chretiens ordonnerent ensuite la peine du glaire: Constancius & Constans sont les premiers qui le firent, & Justinien confirma cette loi. Nov. 77 & 141. suivant en cela les Loix Sacrées. Levit. 20. La peine du feu fut établie par Valentinien, Theodose & Arcadius.

Quant aux institutions des Grecs a cet egard j'en dirai quelque chose au Livre 23. Ch. 17.—

Ch. 10. *Une loi d'Angleterre, passée sous Henri* VIII, *declaroit coupables de haute-trahison tous ceux qui prediroient la mort du Roi.*

 C'est

C'est ainſi qu'en France le medecin du Val fut envoyé aux galéres, parce qu'on trouva dans ſon cabinet un papier, où il avoit predit que Louis XIII. mourroit avant la canicule de l'an 1631. [*Nouvelles de la Republ. des Lettres, Janv.* 1686.]

Cajus Lutorius Priscus, Chevalier Romain, avoit receu de Tibere une bonne recompenſe pour un poëme fait ſur la mort de Germanicus. Il fut accuſé d'en avoir fait un autre ſur la mort de Druſus, tandis que ce Prince etoit malade, esperant une plus grande recompenſe au cas que Druſus mourut: la gueriſon de celui-ci devoit obliger le poëte a ſupprimer ſon ouvrage; mais pour s'en faire honneur il le lut a quelque dames, ſurquoi il fut condamné a mort. [*Voyés Bayle dans ſa vie.*]

Ch. 12. *Les paroles ne forment poins un corps de delit.*

La Reine Christine diſoit fort ingenieuſement a ce ſujet: Les expreſſions des hommes ne ſignifient rien; a peine peut on ſe fier a leurs actions.

tions. On trouve dans Tacite [*Annal. L.* 4. *N.* 34.] la belle defense que fit au Senat Cremutius. Cordus, accusé d'avoir nommé Cassius le dernier des Romains: Elle commence par ces paroles: Verba mea arguuntur, P. C. adeo factorum innocens sum: plus bas il ajoute: Spreta exolescunt; si irascare agnita videntur.

Ibid. *Dans le manifeste de la feue Czarine* [*en* 1740] *un des Princes Dolgorouki est condamné a mort pour avoir proferé des paroles indecentes qui avoient du rapport a sa personne.*

Ce n'est pas ainsi que pensoit Charles II. Roi d'Angleterre. Voyant un jour un pendu, il demanda la raison du supplice. On lui repondit, qu'il avoit mal parlé des Ministres. Eh! repliqua le Roi, que ne fusse contre moi, on ne lui auroit rien fait.

Ch. 13. *Les ecrits contiennent quelque chose de plus permanent que les paroles — mais ils ne sont point une matiere du crimé de Leze — Majesté. Auguste & Tibere y attacherent pourtant la paine de ce crime.*

 Valen-

Valentinien & Valens vont bien plus loin, en ne punisſant pas ſeulement les auteurs des libelles diffamatoires; mais encore ceux, qui les ayant trouvés, les publient au lieu de les bruler. *L. un. C. de fam. lib.*

Ibid. *Dans la Monarchie on les defend, mais on en fait plutôt un ſujet de police que de crime.*

J'ai lu quelque part, que le Cardinal Mazarin ordonna un jour qu'on lui apportat tous les libelles faits contre lui; c'etoit pour les bruler, diſoit-il: mais lorsqu'il les eut, il les fit vendre ſous le manteau, & en tira dix mille ecus.

Il diſoit en riant: Les François ſont d'aimables gens; je les laisſe chanter & ecrire; ils me laisſent faire ce que je veux.

Ch. 14. *Il ſeroit abſurde de violer les regles de pudeur dans la punition de crimes.*

Les anciens Germains etoient bien delicats ſur ce point, au rapport de Tacite [*de Mor. Germ.*

Germ. C. 12.] Les ſupplices ſont, dit-il, diſtingués ſelon les crimes. Ils pendent aux arbres les traitres & les deſerteurs: les poltrons & les infames ſont noyés dans le marais ſous un mantelet d'oſier: l'objet de la diverſité de ces ſupplices est, qu'il faut expoſer les crimes [ſcelera] en les puniſſant; & cacher les forfaits honteux. [flagitia.]

Ch. 27. *Le Monarque peut même jetter quelquefois les yeux ſur les talens. Qu'il ne craigne pas ces rivaux qu'on appelle les homme de merite.*

Plutarque, dans ſon Traité Πῶς ἄν τις διακρίνει τὸν κόλακα τῦ φίλου. rapporte la belle reponſe que fit a Philippe de Macedoine un Muſicien, dont il avoit concu de la jalouſie: a Dieu ne plaiſe, que vous ſoyés jamais aſſés malheureux, pour me ſurpaſſer dans les choſes de cette nature.

Le trait ſuivant d'Hadrien merite auſſi d'être rapporté: il ſe meloit d'Architecture avant d'être parvenu a l'Empire: l'habile Architecte

Appolodore de Damas, lui fit une reponſe un peu crüe ſur l'article de l'art, dont Hadrien fut ſi piqué, qu'etant dans la ſuite monté ſur le trone, il ſe fit mourir ſous pretexte de quelque crime.

Ch. 28. *Il faut que les Monarques ſoyent extremement retenus ſur la ruillerie — parceque'ils bleſſent toujours mortellement.*

On trouve dans Athenée, que la ſeule raiſon qui pouſſa Ageſilas a faire ſoulever les Egyptiens contre leur Roi Tachus, fut la raillerie, dont celui-ci l'avoit inſulté en diſant: ὤδινεν ὄρος, Ζεὺς δ' ἐφοβεῖτο, τὸ δ' ἔτεκε μῦν; pour ſe moquer de ſa petite taille.

Polybe pretend [*L.* 4. *Hist.*] que Dorimaque, Preteur d'Ætolie fit attaquer les Meſſeniens uniquement parceque lors de ſon ſejour a Meſſine, Sciron, Ephore de cette Ville, l'avoit nommé par mepris Barbyrtas, du nom d'un homme impur & infame de Meſſine, qui non ſeulement etoit fort attaché a Dorimaque, mais encore avoit avec lui la plus parfaite reſſemblance de figure & de voix.

Ibid.

Ibid. *On peut ſe ſouvenir dês malheurs arrivés aux Princes pour avoir inſulté leurs ſujets.* —— *De la Ducheſſe de Montpenſier, qui outrée contre Henri III. qui avoit relevé quelqu'un de ſes defauts ſecrets, le troubla pendant toute ſa vie.*

Elle ne s'en tint pas là, s'il faut en croire de Thou, cité par l'auteur de la critique génerale du Calvinisme, Lettre 3. Il veut que ce fut elle, qui pouſſa le plus Jaques Clement a tuër le Roi, en n'y epargnant rien, pas même ce qu'on appelle la derniere faveur. C'est a cette Dame que convenoit bien le mot de Juvenal:

—— vindicta
Nemo magis gaudet quam femina.

LIVRE XIII. CH. I.

Les revenus de l'Etat ſont une portion, que chaque Citoyen donne de ſon bien pour avoir la ſureté de l'autre.

C'est ſous ce point de vuë, qu'on a d'autant

moins lieu de ſe plaindre de la peſenteur des impôts dans les Republiques, parceque les posſesſions y etant plus asſurées que ſous le Gouvernement d'un ſeul, l'impôt y remplît le mieux ſon objet.

Ch. 12. *On peut lever des tributs plus forts a proportion de la liberté des ſujets.*

La peſanteur des impôts dans une Republique ſert a y maintenir la frugalité, qui lui est ſi necesſaire, & a y prevenir le luxe, qui detruit ſon principe d'égalité, & engendre la corruption.

Ch. 19. *Neron— fit quatre Ordonnances.* [1] *que les loix faites contre les Publicains, qui avoient été jusques-là tenuës ſecretet, ſeroient publiées—* [3] *qu'il y auroit un Preteur établi pour juger leurs pretenſions ſans formalités* [4] *que les marchands ne payeroient rien pour les navires. Tacite Ann. L.* 13.

Il me paroit que l'auteur n'a pas bien compris le ſens de Tacite [*Ann. L.* 13. *Ch.* 51.] dans

dans les pasſages allegués ; lorsqu'il traduit: *que les loix faites contre les Publicairs, qui avoient été jusques-là tenues ſecretes, ſeroient publiées*, ces paroles: Ut leges cujusque publici, occultæ ad id tempus, proſcriberentur, tandis que cela ſignifie: que les conditions des baux, faits par l'Etat avec ſes Fermiers pour chaque espèce d'impôt, ſeroient affichées publiquement, ayant été jusques là ſecretes. Cette ordonnance etoit très bonne contre les exactions des Publicains, en les empechant d'exiger au delà de ce qu'il leur revenoit de droit: elle etoit donc propre a remplir le but du Senat: temperandas planè publicanorum cupidines, dit Tacite dans la periode qui precede celle dont nous parlons.

L'auteur continue: *Qu'il y auroit un Preteur établi pour juger leurs pretenſions ſans formalités.* pour traduire: Romæ Prætor, per provincias qui pro prætore aut conſule esſent, jura adverſus Publicanos extra ordinem redderent, c'est-à-dire: qu'a Rome le Preteur, & dans les Provinces le Magistrat principal jugeroit extraordinairement des affaires contre les Traitans.

Il

Il dit enfin: *Que les Marchans ne payeroient rien pour les navires*, ce qui ne presente qu'un sens vague; au lieu que l'ordonnance, dont parle Tacite est claire & determinée: Temperata apud transmarinas Provincias frumenti subvectio: & ne censibus negotiatorum naves adscriberentur, tributumque pro illis penderent, constitutum. Ce qui donna a entendre, que pour faciliter le transport des bleds depuis les Provinces d'outre-mer, comme l'Afrique & l'Egypte, les navires qu'on y employoit ne seroient plus soumis a un cens, ni ne payeroient de tribut.

LIVRE XIV.

Des Loix, dans la rapport qu'elles ont avec la nature du Climat.

Personne n'ignore combien le systeme de l'auteur sur la nature du Climat, & les consequences ingenieuses qu'il en tire pour l'etablissement des Loix, ont été critiquées. On a voulu detruire ses principes sur ce point en disant que les vices & les vertus n'ont jamais eu dans les

les Climats divers une forme conſtante: & on a ſoutenu, que la premiere cauſe du caractere moral d'une Nation est toujours l'education, les idées univerſelles, la Religion, les Loix, &c. & que le Climat n'est qu'une cauſe accidentelle, dont l'influence ne ſe fait ſentir, qu'autant que l'education & les idées univerſelles concourent & agisſent avec lui. On ſe fonde ſur les exemples, celui entr'autres de la difference qui existe entre les anciens Romains & ceux d'aujourd'hui, bien que le Climat ſoit toujours le même. Non nostrum est tantas componere lites, & je me garderai d'entrer dans cette guerre litteraire. Tout ce que j'oſe me permettre est de produire l'opinion de quelques auteurs respectables, qui ont pû donner au notre l'idée de penſer comme il le fait ſur ce point. Je mets a leur tète Aristote, qui dit: [Polit. L. 7. Ch.] que les Peuples d'Europe, habitant des Climats froids ont plus de courage & de vigueur que d'imagination & de fineſſe; que par là ils ſont plus attachés a la liberté; que par contre les Aſiatiques ſont plus habiles & plus ingenieux, ce qui les rend conſtament asſervis.

Ciceron

Ciceron parle dans le même ſens: [*de Nat. Deor. L. 2. C. 16.*] Etenim licet videre acutiora ingenia & ad intelligendum aptiora eorum, qui terras incolunt eas, in quibus aër ſit purus & tenuis, quam illorum, qui utuntur craſſo cœlo atque concreto: quin etiam cibo, quo utare, intereſſe aliquid ad mentis aciem putant. Il dit encore [de Fato C. 4.] Athenis tenne cœlum, ex quo acutiores etiam putantur Attici: craſſum Thebis, itaque Thebani & valentes.

Parmi les modernes, Bodin [de Republica L. 5. Ch. 1.] traite au long de l'influence du Climat, après quoi il conclut: Ex quibus omnibus inteligitur, non modo cœli naturam, ac regiones univerſas, ſed etiam ſingularia & regionis cujusque propria intueri oportere, quid ab aquis, quid ab aëre; quid a montibus — quid a religionibus, quid ab inſtitutis, quid a diſciplina; quid denique ab ipſo ſtatu Reipublicæ in animis cujusque ingenerari poſſit. Nam qui ex eodem cœli tractu mores eosdem judicare volet, ſape labi neceſſe est.

Vico, dans ſon Traité: de Univerſi juris uno prin-

principio & fine uno [L. 2. Ch. 12.] s'exprime ainsi: Nemo est qui negaverit, esse cœli temperaturas, quæ gentes alias aliis ingeniosiores alant: ut sub crasso frigidoque aëre obtusi, sub magis æthereo & æstuoso acuti ingenii nascantur homines.

De tous les Auteurs, qui ont combattu les principes de M. de M. au sujet du Climat, il me semble que M. Volney est celui dont les raisons meritent l'attention la plus particuliere. Il pretend [*Voyage en Syrie & en Egypte*] que l'axiome de l'indolence des Orientaux & des Meridionaux repose à tort sur l'opinion que les anciens nous ont transmise de la mollesse Asiatique, vû que cette opinion n'est pas suffisament prouvée, & que les faits, tels que l'histoire les donne, n'y repondent pas. Selon lui on ne peut taxer d'indolence ces Assyriens, qui pendant 500 ans troublerent l'Asie par leur ambition & leurs guerres: non plus que les Perses de Cyrus, qui dans l'espace de 30 ans conquirent depuis l'Indus jusqu'à la Mediterranée. Si ces peuples furent actifs où est l'influence du Climat? Pourquoi donc dans le mêmes contrées où ſe developpa jadis tant d'energie, regne-t-il aujourd'hui une inertie ſi profonde? Pourquoi ces Grecs modernes ſi aviles ſur les ruïnes de Sparte, d'Athenes, dans les champs de Marathon & des Thermopylas? dira-t-on que les Climats ſont changés? où en ſont les preuves? ſi l'indolance est propre aux Zones Meridionales, pourquoi a-t-on vû Carthage en Afrique, Rome en Italie.

Il n'admet pas, la conſequence du fait Phyſique, qui porte que la chaleur abat nos forces, & que nous ſommes plus indolens l'été que l'hyver. C'est, dit-il, que nous raiſonnons comme des habitans d'un Païs où il y a plus de froid que de chaud. Si la choſe ſe ſoutenoit en Egypte ou en Afrique l'on y diroit: le froid gene les mouvemens, arrete la circulation. Nous haïsſons la ſueur, l'Egyptien l'aime, & redoute de ſe voir ſec.

Pour établir quelque choſe de plus precis dans la question de l'activité que ces raiſonnemens lointains & equivoques, il propoſe un moyen plus ſur, c'est de conſiderer la nature

même,

même, d'en examiner l'origine & ses mobiles dans l'homme. En procedant par cette methode l'on s'apperçoit que toute activité, soit de corps soit d'esprit, prend sa source dans les besoins; que c'est en raison de leur etendue qu'elle même s'etend & se developpe. Sont ils faciles, a-t-il sous sa main les fruits, le gibier, le poisson, il est moins actif, rien ne l'invite a se mouvoir.

Les moyens sont ils difficiles, alors l'homme est forcé d'être plus actif. Il s'ensuit delà, que la nature du sol a reëllement une influence sur l'activité, & qu'un païs ou les moyens de subsister seront un peu difficiles, aura des habitans plus actifs plus industrieux, que celui ou la nature produira tout. Ceci s'accorde avec les faits generaux de l'Histoire, ou la plupart des peuples conquerans sont des peuples pauvres, sortis de païs steriles ou difficiles a cultiver, pendant que les peuples conquis sont les habitans des contrées fertiles & opulentes. Il est même remarquable que ces peuples pauvres, établis chez les peuples riches, perdent en peu de tems leur energie, & passent a la mollesse.

 Tels

Tels furent les Perſes de Cyrus descendus de l'Elymaide dans les prairies de l'Euphrate: tels les Macedoniens d'Alexandre transportés des monts Rhodope dans les champs de l'Aſie: tels les Tartares établis dans la Chine & le Bengale, & les Arabes de Mahomet dans l'Egypte & l'Espagne. Dela on pourroit établir, que ce n'est pas comme habitans des païs chauds, mais comme habitans des païs riches, que les peuples ont du penchant a l'inertie.

On peut obſerver de plus, que les vrais regulateurs de l'activité & de l'inertie des particuliers & des Nations, ſont les Inſtitutions ſociales, que l'on appelle Gouvernement & Religion. C'est a leur influence que Tyr, Carthage & Alexandrie ont du la même industrie que nos Villes les plus commerçantes de l'Europe; & c'est par la même raiſon que les payſans Ruſſes & Polonois ont l'apathie & l'inſouciance des Indous & des Negres: voilà encore pourquoi les Romains de Scipion ne ſont pas ceux de Tibere, ni les Grecs de Themistocle ceux de Conſtantin.

Il y a toujours plus d'activité dans les Capitales & dans les Villes de commerce que dans les campagnes; c'est que pour l'eveiller il faut d'abord des objets aux désirs, & un espoir d'arriver a la jouissance. Si ces deux circonstances manquent il n'y a d'activité ni dans le particulier, ni dans la Nation, & tel est le cas des Orientaux en general.

Il faut le reconnaître, le moral des peuples comme celui des particuliers, depend surtout de l'etat social dans lequel ils vivent, puisqu'il est vrai que nos actions sont dirigées par les Loix Civiles & Religieuses.

Il me paroit qu'on pourroit encore obsèrver a l'appui de ces raisons de M. Volney, que si c'etoit le climat seul qui fixe les caractères Nationaux, on ne verroit pas les Juifs, bien que repandus sur la surface entiere du globe, deployer constament & dans tous les pais la même activité & cet esprit de fourberie, qui les distingue des autres Nations autant que leur phisionomie.

Ch. 2. *L'air chaud relache les extrémités des fibres — il diminuë donc leur force.*

—— Emollit gentes elementia cœli.
dit Lucain. Pharſal. L. 8. V. 366.

Ibid. *On a donc plus de vigueur dans les climats froids — c'est a dire plus de courage.*

C'est encore le ſentiment du même Poëte. [L. 8. V. 361.]

Omnis in Arctois populus quicunque pruïnis
Naſcitur, indomitus bellis, & mortis amator.

Ch. 3. *Du tems des Romains les Peuples du Nord de l'Europe vivoient ſans art, ſans education, presque ſans Loix; & cependant par le ſeul bon-ſens attaché aux fibres grosſieres de ces climats, ils ſe maintinrent &c.*

Tacite les decrit: Gens non astuta nec callida: & après avoir dit: Nemo illic vitia ridet: nec corrumpere & corrumpi ſeculum vocatur; il ajoute: plusque ibi boni mores valent, quam alibi bonæ leges. [*de Mor. Germ.*]

Ch. 11. *Il y a deux Siecles qu'une maladie inconnue a nos peres passa du nouveau-monde dans celui-ci.*

Ce mal est plus ancien; puisque des l'an 1494 lors du siège de Naples par Charles VIII. ce païs en etoit déjà tellement infecté, que l'armée du Roi en souffrit beaucoup. On peut voir dans Bayle [*art. Pericles*] le conte plaisant d'un moine a ce sujet.

Ce ne fut qu'au premier retour de Colomb de l'Amerique en 1493 que ce mal commença a être connu en Europe; par où l'on peut juger de la rapidité etonnante de ses progres. Peu après plusieurs medécins tant en Italie, qu'en Allemagne, où elle avoit déjà percé, s'en occuperent, comme le prouvent les livres suivans, qu'on dit être dans la Bibliotheque du College Theresien à Vienne:

Nicolai Leoniceni libellus de Morbo Gallico. Mediolani 1497.

Tractatus clarissimi Medicinarum Doctoris Johan-

Johannis Widdmann dicti Meichinger, de pustulis & morbo, qui vulgato nomine mal-de-franzos appellatur. 1497.

Steber ad mala franzos morbo Gallorum præservatio ac cura Viennæ 1497.

Sim. Pistoris positio de malo franco. Lipsiæ 1498.

Petr. Pinctoris Tractatus de Morbo Fedo & Occulto. Romæ 1500.

Gasp. Torella Dialogus de dolore; cum Tractatu de ulceribus in pudendagra evenire solitis. Romæ 1500.

De nos jours le Docteur Sanchez a publié une Dissertation curieuse (Leide 1778) sur l'origine de cette meladie, & sur son apparition en Europe; il nie qu'elle soit apportée d'Amérique, & croit que c'etoit une fièvre pestilentielle, née en Europe l'an 1493.

Ibid. — *Ce mal devint trop commun pour être honteux; il ne fut plus que funeste.*

Bien

Bien loin d'être honteux, c'etoit, d'après Erasme, dans son Traité de la Guerre conte les Turcs, ecrit en 1530. une espèce de deshonneur chez les gens de Cour, & chez tous ceux qui se piquoient de bel-air, de n'avoir pas ce nouveau mal, qu'on appelle le mal François. [*Burigni vie d'Erasme T. 2. p. 352.*] Regis ad exemplum... car on sçait que le Roi François I. en etoit infecté, & qu'il lui en a couté la vie.

Ibid. *Il eut été très sensé d'arreter cette communication par des Loix faites sur le plan des Loix Mosaïques.*

On prit effectivement des precautions en France, comme cela se voit par le passage suivant de Papon, dans son livre des Arrêts L. 6. Tit. 11.

La V... que l'on souloit nommer le mal de Naples, hà esté du tems qu'elle fut apportée en France fort abominée, & jusques a l'estimer contagieuse, & chassée des Villes & de la compagnie des sains ceux qui en etoient attaintz,

 tout

tout ainsi que s'ils eussent été ladres: & ainsi fut dit par arrest le quadrième Mars CIƆCCCCXCV. Mais depuis pour les prompts remedes que le tems hà amenè, ce mal hà estè fait tant familier, que c'est arrest est sans consequence.

C'est encore une chose digne de remarque, que dans la suite ce mal a percé jusques dans les contrées les plus lointaines, & les moins freguentées: si on peut en croire Busching qui dans sa Geographie T. 2. rapporte, que dans la Sibérie, & nomement dans les Villes de Tomsck, Jeniseisk & Argun, cette maladie fait les plus affreux ravages, jusqu'a faire craindre une depopulation entière.

Il se peut que le froid de ces contrées y rend plus difficile la guerison de ce mal, & que par là il s'y propage.

Au Japon la même maladie s'est perpetuée au point d'être aujourd'hui très commune, bien que les Portugais, qui l'y ont apportée, en soyent expulsés depuis longtems, & qu'on n'y ait communication avec aucune Nation Européenne pécnne hors quelques peu d'Hollandois qu'on enferme dans l'Isle de Decima.

Le Suedois Thunberg, qui rapporte le fait, dit avoir beaucoup contribué a en perfectionner le traitement a Nagaſaki. [Voyés ſes Voyages T. 4. p. 127.]

Ch. 12. *Il est clair que les Loix civiles de quelques païs peuvent avoir eu des raiſons pour fletrir l'homicide de ſoi-même.*

Plutarque en rapporte un exemple, en diſant: que les filles Mileſiennes furent attaquées d'une ſinguliere fureur, tellement que ſans cauſe apparente, elles alloient ſe pendre: comme cela augmentoit de jour en jour, ſans qu'on y put porter remede, les Magistrats ordonnerent, que toutes celles qu'on trouveroit pendues ſeroient enterrées nuës, ſans oter le colier, qui leur avoit ſervi; & que du depuis la crainte d'avoir de ſi honteuſes funerailles mit fin a cette demence. Voyés Aule-Gelle L. 15. Ch. 10.

Il me paroit que le Philoſophe Farorinus excuſe mal l'intrepide foiblesſe de ſe detruire, lorsqu'il decide, que la Melancolie, qui en est cauſe, ne ſe rencontre pas dans des esprits bornés & communs, mais que c'est une affection héroïque. Aule-Gelle rapporte ceci L. 18. Ch. 7.

Aristote traite au long du probleme : Pourquoi les grands-hommes ont été Melancoliques. Sect. 30. Probl. 1.

LIVRE XV. CH. II.

Vendre ſa qualité de Citoyen est un acte d'une telle extravagance, qu'on ne pas la ſuppoſer dans un homme.

On a donc lieu d'être ſurpris en liſant ce que Tacite rapporte ſur le compte des anciens Germains, lorsqu'il dit: [*de Mor. Germ. C.* 12.] qu'ils jouent aux dèz entr'eux, avec un tel acharnement, qu'après avoir tout perdu, ils risquent enfin leur liberté & leur perſonne; que le perdant ſe fait volontairement esclave, qu'il ſe laisſe lier, bien que plus jeune & plus robuste que le gagnant. Qu'au reste ils ont coutume

tume de revendre a d'autres les esclaves de cette espèce, par la honte qu'ils ont de les posseder a ce titre.

LIVRE XVI. CH. II.

Quelques raisons particulieres a Valentinien lui firent permettre la Polygamie dans l'Empire. Cette loi, violente pour nos climats, fut otée par Theodose, Arcadius & Honorius. Voyés la L. 7. C. de Judæis & Cœlie. & la nov. 18. *Ch.* 5.

En relisant les deux Loix alléguées, je trouve que la premiere defend uniquement aux Juifs d'avoir plusieurs femmes; & que la novelle 18. Ch. 5. ne contient pas non plus une defense formelle de Polygamie dans l'Empire.

Il vaudroit mieux, ce me semble, alleguer la loi de Dioclet. & de Maxim. L. 2. C. de incest. & inutil. nupt. qui porte: Neminem, qui sub ditione sit Romani nominis, binas uxores habere posse, vulgo patet, cum etiam in Edicto Prætoris hujusmodi viri infamia notati sint:

sint, quam rem competens judex inultam esse non patietur.

Ch. 6. *A regarder la Polygamie en general — elle n'est point utile au genre-humain.*

Elle n'est pourtant pas contraire par elle même au droit naturel; non plus qu'au droit divin positif, comme le prouve Grotius D. de la G. Liv. 2. Ch. 5. §. 9.

Ch. 12. *La nature a donc mis en nous la pudeur, c'est-à-dire la honte de nos imperfections.*

On pourroit encore definir la pudeur en disant d'après les anciens Philosophes, quelles est la crainte d'un blame fondé: Ἀισχύνη ἐςὶ φόβος δικαίȣ ψόγȣ. Voyés Aule-Gelle L. 19. C. 6.

Ch. 15. *Dans les Climats ou les femmes vivent sous un esclavage domestique, il semble que la loi doive permettre aux femmes la repudiation, & aux maris seulement le divorce.*

J'ai de la peine a concevoir comment on pour-

pourroit accorder a une femme esclave la permission de repudier celui qui n'est pas plus son mari que son maître : il me paroit que cela renverseroit entierement la police envers les femmes, tandis que la repudiation se fait par la volonté & pour l'avantage d'une des deux parties, independament de la volonté & de l'avantage de l'autre, comme l'Auteur le dit fort bien au commencement de ce Chapitre.

Ch. 16. *On pouvoit donc repudier dans tous les cas en se soumettant a la peine. Personne ne le fit avant Carvilius Ruga, qui, comme dit encore Plutarque, repudia sa femme —— deux cent trente ans après Romulus, c'est-à-dire, qu'il la repudia soixante & onze ans avant la loi des douze Tables, qui etendit le pouvoir de repudier, & les causes de repudiation.*

En examinant ce Chapite avec attention, je crois qu'on trouvera que la raison que donne l'Auteur de la rareté des repudiations repose sur une citation qui n'est pas exacte. Pour justifier ceci, il sera necessaire de rapporter le passage

de

de Plutarque en entier: Il est dans la comparaison de Thesée & de Romulus, en ces termes: Une longue suite de tems prouve les egards, la constance & l'amour qu'on se portoit dans le mariage; car durant deux cent trente ans aucun mari n'a delaissé sa femme, ni aucune femme son mari. Tout le monde sçait, que Carvilius fut le premier qui renvoya la sienne pour cause de sterilisé.

On voit par ces paroles, sur lesquelles l'Auteur fonde son raisonnement, que Plutarque ne dit point que la repudiation faite par Carvilius eut lieu deux cent trente ans après Romulus. En effet comment auroit-il pu le dire, instruit comme il l'etoit sans doute par Denis d'Halicarnasse & Valere Maxime que c'est a l'an cinq cent vingt de Rome qu'il faut rapporter ce fait. Aule-Gelle, qui lui est posterieur, y met une petite difference de trois ans, en fixant ce divorce (car c'est ainsi qu'il le nomme) a l'an 523.

J'ai de la peine a comprendre, pourquoi M. de M. après avoir allegué dans ce même Chapitre, les trois Auteurs que je viens de nommer,

mer, & l'epoque a laquelle ils rapportent l'affaire de Carvilius, s'appuyé ensuite sur une date si differente & si peu constatée que celle de Plutarque, pour tirer de ce fait des consequences a son gré.

LIVRE XVII. CH. II.

Nous avons déjà dit — qu'il y avoit dans les Climats froids une certaine force de corps & d'esprit, qui rendoit les hommes capables des actions longues & penibles, grandes & hardies.

Ch. 4. *L'Asie a été subjugée — onze fois par les Peuples du Nord.*

Ce n'est pas seulement l'Asie, mais presque tout l'ancien monde qu'ont successivement soumis les Peuples du Nord; & ce qui plus est, aujourd'hui même encore ils le gouvernent.

Si l'on commence par le couchant, il se trouve que les Normands & les Saxons se sont rendus maitres de la Normandie & de l'Angleterre. Les Francs, les Goths, les Visigoths &

les

les Vandales ont envahi les Gaules, l'Epagne & l'Afrique.

Ce ſont les Ostrogoths qui conquirent l'Italie, d'autres Goths, Getes, Cimbres, Scythes, Bulgares ſoumirent l'Allemagne; d'autres Scythes, Tartares, Turcs occuperent la Grece & ces belles Provinces de l'Aſie mineure. Les Perſes ſont encore de race Scythique & Tartare. Les descendans de Tamerlan, Prince Tartare, regnent aujourd'hui dans les Indes, & le grand Empire de la Chine a été conquis de nos jours par les Tartares. Les Circaſſes Mamelus regnoient en Egypte quand ils furent vaincus par Selim, Empereur des Turcs.

LIVRE XIX. CH. XX.

A Lacedemone il etoit permis de voler; a la Chine il est permis de tromper.

L'uſage de voler établi a Lacedemone, & dans lequel on inſtruiſoit la jeuneſſe, tenoit a l'esprit guerrier de la Nation, ſans que l'idée du profit y entra pour rien: idque pro exercitio dis-

disciplinaque rei bellicæ ſactitatum, dit Aule-Gelle. [L. 11. Ch. 18.] On croyoit donner par là des leçons d'adresſe, de ruſe, de vigilance & de celerité.

Il ſe pourroit que Licurgue eut emprunté cette inſtitution des Egyptiens, chez qui, au rapport de Diodore de Sicile, la loi ordonnoit que ceux qui voudroient faire le metier de voler, ſe fisſent inſcrire chez le Preſet des voleurs, & y porteroient les choſes volées. Si quelqu'un avoit été volé; il s'adresſoit a ce Preſet, qui la lui rendoit, moyenant un quart de la valeur.

Ch. 27. *Les Ministres ſeroient forcés d'être un peu plus honnêtes-gens.*

Je ne puis m'empecher de transcrire ici ce que Bayle a dit quelque part. C'est un engagement malheureux que celui d'être asſis au timon; le bien de l'Etat ne demande pas une ou deux injustices pendant la vie d'un homme, il en demande pluſieurs.

C'est dans ce ſens que s'exprime l'Auteur

 des

des Poësies diverses. [*Epitre a Sancho P.*]

Tel Ministre a la Cour pour le bien de l'Etat
Fait en homme d'honneur des coups de Scelerat.

LIVRE XX. CH. I.

Le Commerce corrompt les mœurs pures.

Il avoit déjà fait imaginer aux Grecs du tems de Demosthene la malversation que nous apellons baratterie. Des patrons de navire commençoient par emprunter sous pretexte de former une cargaison; ensuite ils chargerent frauduleusement leurs vaisseaux de pierres & de sable; & dès qu'ils etoient avancés en mer on percoit le navire, & le faisoit couler a fond; l'equipage se sauvoit dans les chaloupes, & on venoit annoncer au preteurs que tout etoit perdu. [*Voyés les recherches Philosophiques sur les Grecs, T. 1. p.* 351.]

Ch. 19. *Il est contre l'esprit de la Monarchie, que la Noblesse y fasse le commerce.*

La

La Loi d'Honorius & Theodose, que l'Auteur cite a l'appui de son principe, ne regarde que le Grands de l'Empire, & ceux qui y tiennent un rang distingué. [Nobiliores natalibus, & honorum luce conspicuos.] Aussi ne sont ce pas des personnes de cet ordre pui sont le commerce en Angleterre; bien qu'il puisse y être exercé par des cadets de famille noble, qui n'ont point de part aux emplois, sans deroger a leur naissance, ni sous peine d'être declarés roturiers, comme le porte en France l'Ordonnance de Blois (Art. 48.) au sujet des Gentilhommes. [*Voyés Domat*, *Droit Public L.* 1. *Sect.* 4. *Tit.* 7. §. 9. *T.* 11. §. 14. *&* *T.* 12. §. 9.]

Ch. 20. *La pratique de ce païs* [*la France*] *est très sage.*

Il se trouve pourtant des ecrivains distingués de ce païs, qui n'en sont pas d'accord. De ce nombre est le President Henault, qui pense qu'on ne sauroit trop honorer le commerce, entant que favorable a la population, remplaçant les mines d'or & d'argent là ou la nature les a refusées, & servant a augmenter le credit &

 les

les richesſes de la Nation. Il cite avec complaiſance un Edit du Roi, de l'an 1669. portant que le commerce de mer ne derogera point a la Nobleſſe, & ſe plaint que cette loi n'a pu vaincre jusqu'ici le prejugé de la vanité. [*Abregé Chronol. de l'Histoire de France p.* 788.]

On peut voir des raiſons plus detaillées en faveur du même ſentiment dans le livre intulé: La Nobleſſe Commerçante, où cette matiere est traitée avec beaucoup d'exactitude.

LIVRE XXI. CH. I.

Les Auteurs anciens, qui nous ont parlé des Indes, nous les depeignent telles que nous les voyons aujourd'hui quant a la police, les manieres & les mœurs.

C'est ainſi que la pratique barbare qu'ont encore aujourd'hui les femmes aux Indes de ſe bruler volontairement ſur le bucher de leurs maris, existoit dans ce païs il y a au moins dixhuit Siecles. Temoin ces paroles de Ciceron [*Tuscul. Quæſt. L.* 5. *N.* 78.] Mulieres in India, cum

est

est cujusquam earum vir mortuus, in certamen Judiciumque veniunt, quam plurimum ille dilexerit. Plures enim singulis solent esse nuptæ. Quæ est victrix, ea læta, prosequentibus suis, una cum viro in rogum imponitur; illa victa mœsta discedit.

Je crois pouvoir remarquer a cette occasion, que ce n'est pas seulement aux Indes, mais dans plusieurs autres païs, que differens usages, qui ont lieu de nos jours, repetent d'une très haute antiquité, & je me permettrai d'en produire quelques exemples.

Les combats de coqs, si communs en Angleterre, & qui le sont aussi parmi les Indiens de l'Isle de Java, au point que la Compagnie Hollandoise en tiré un revenu, datent du tems de Themistocle, qui au retour de sa victoire sur le Roi de Perse institua a certain jour de l'année au theatre d'Athenes un combat de coqs, en memoire de celui qu'il avoit vu en partant pour la guerre, & dont il avoit tiré parti pour encourager ses Soldats, au rapport d'Ælien L. 2. Ch. 28. La chose etoit pareillement connuë a Lacedemone, ſuivant Plutarque, vie de Licurgue.

Quant a nos modes, il paroit que celle de ſe poudrer les cheveux existoit a Rome du tems de Tibere. Valere-Maxime on parle, en diſant: Fæminæ capillos cinere rutilarunt. [L. 2. C. 1.] Il dit auſſi que les Dames Romaines portoient des boucles d'oreilles. [L. 5. C. 2. N. 1.]

En fait d'uſages, celui qu'ont les Rois de ſe faire baiſer la main date pareillement de fort loin: car on voit dans Justin. [L. 12. C. 18.] que lorsqu'Alexandre ſe ſentit mourir, il fit appeller ſes Soldats, & les voyant tristes de ſon etat, il les conſola en leur donnant ſa main droite a baiſer. Tibere fit la même choſe a un Medécin qui ſortoit de ſon ſouper, au rapport de Suetone, dans ſa vie Ch. 72.

C'est dans la Religion même qu'il ſe trouve pluſieurs uſages, qui ont une analogie ſinguliere avec ce qui ſe pratiquoit chez les Payens.

De

De ce nombre ſont les rejouïsſances du Carnaval, inutilement proſcrites par les Conciles, auxquelles les Saturnales ont ſans doute donné lieu: c'est dans ces fetes des anciens que les jeunes-gens avoient la même coutume qui existe encore parmi nous a celle des Rois, s'entend celle de ſe choiſir un Roi en tirant la feve: & cet uſage est ſi ancien, qu'on pretend que Pythagore l'avoit en vue dans l'averſion qu'il temoigna pour les feves, c'est-a-dire, qu'il n'a voulu que donner par là un conſeil de reprimer l'ambition.

La pratique d'honorer de cierges & d'encens les images des Saints ſe retrouve encore parmi les Romains; ainſi que celle d'en uſer aux funerailles: cela ſe voit par un pasſage de Ciceron. [de Off. L. 3. C. 20.] Omnibus vicis Statuæ, & ad eas thus & cerci. Et par celui de Seneque [*de brevitate vitæ*] Funera ad faces & ad cereos duxere.

Les images miraculeuſes ne leur etoient pareillement pas inconnues. Tite-Live dit [L. 5. C. 22.] que lorsqu'on portoit la Junon de Vejès a Rome, quelqu'un lui ayant demandé en badinant, si elle vouloit y aller, cette Statuë y avoit consenti par un signe de tête, & qu'on pretendoit même lui avoir entendu proferer: Je le veux. On trouve dans le même Auteur, qu'a Cumes l'Apollon placé dans la citadelle avoit pleuré pendant trois jours & trois nuits. [L. 43. C. 13.] Suetone rapporte, qu'une Statuë de Jupiter a Olympie partit un jour de si grands eclats de rire, que les travailleurs en avoient pris la fuite d'epouvante. [*Vie de Caligula* C. 57.]

Pour honorer les Statuës de leurs Dieux, les Grecs avoient coutume de les revetir d'habits & d'ornemens magnifiques; temoin ceux que portoit le Jupiter de Syracuse de la valeur de 85 talens d'or; & la chevalure d'or d'Apollon, emportés l'un & l'autre avec les vases sacrés des temples par Denis, au rapport d'Ælien V. H. L. 1. C. 20.

A Rome il etoit d'usage au jours de fête d'enduire de rouge (minio) la face de Jupiter placé au Capitole. Voyés Pline L. 33. C. 7. & les Lettres de Ciceron L. 9. Lettre 16.

La

La foi que le Paganisme ajoutoit aux Reliques est encore digne de remarque. De ce genre est la ceinture que portoit la Statuë de Tanaquil dans le Temple de Deus Fidius, & dont on enlevoit des breins pour se guerir.

On gardoit aussi avec une superstition Religeuse a Elis la hanche de Pelops, au rapport de Pline; & ailleurs un pouce du Roi Pyrrhus. L'Histoire Romaine est pleine de miracles, dont l'impression etoit assés forte, pour qu'on crut necessaire d'en faire l'expiation par des sacrifices; tantôt c'etoit pour avoir entendu parler un bœuf; tantôt lorsqu'il avoit plu du sang ou des pierres, ainsi qu'il en est fait souvent mention dans Tite-Live.

Si je ne craignois d'accumuler trop les citations de ce genre, j'ajouterois encore que chez les anciens Æthiopiens & Egyptiens les Pretres devoués au culte des Dieux etoient rasés, selon Diodore de Sicile L. 3. C. 2. ce qui rapelle la tonsure d'aujourd'hui: & je parlerois de la conformité qui se trouve entre le Palladium de

 Troye

Troye & la Santa Caſa de Lorette... Mais retournons a l'esprit des Loix.

Ch. 6. — *Les navires des Indes qui etoient de jonc, tiroient moins d'eau que les vaisſeaux Grecs & Romains —— on peut comparer ces navires des Indes a ceux —— de la Province d'Hollande. Leurs navires, qui doivent en ſortir & y rentrer, ſont d'une fabrique ronde & large de ſond.*

J'ignore ou l'Auteur a pu prendre cette grande difference qu'il met entre la conſtruction des navires d'Hollande, & ceux des autres Nations; puisqu'il est notoire qu'elle n'existe pas; car les navires qu'on y employe au commerce des Indes tirent vingt pieds d'eau, & les vaisſeaux de guerre a dela.

Ch. 7. — *à Corinthe — on pouvoit faire paſſer par terre des vaisſeaux d'une mer a l'autre.*

On peut voir dans Tite-Live [L. 25. C. 11.] comment Hannibal ſe ſervit du même expedient

pour

pour reduire la citadelle de Tarente, qu'il asſiegeoit vainement ſans vaisſeaux.

Ibid. *J'avoue que je ne puis comprendre l'obſtination des anciens a croire que la mer Caspienne etoit une partie de l'Ocean.*

Cette erreur n'etoit pourtant pas celle de tous les anciens: car Herodote, Aristote & Diodore de Sicile ne penſoient pas ainſi; ils ont dit au contraire, que cette mer ne communiquoit a aucune autre.

Ch. 8. *Si un pilote — eut toujours vû une etoile polaire.*

S'il ſe publioit une nouvelle edition de l'Esprit des Loix; il ſeroit a propos qu'ont mit dans l'Errata:

L. 21. Ch. 8. *Une étoile polaire.* liſés *l'étoile polaire.*
L. 2. Ch. 2. *Loix Tabulaires.* liſés *Loix Tabellaires.*
L. 5. Ch. 8. & ailleurs. *exhorbitant.* liſés *exorbitant.*

L. 18. Ch. 25. *Les vices n'y ſont point un ſujet de ridicule.* liſés *de raillerie.*

Ch. 16. *La Philoſophie d'Aristote ayant été portée en Occident, elle plut beaucoup aux esprits ſubtils, qui dans les tems d'ignorance ſont les beaux-esprits.*

On doit pourtant reconnoître que c'eſt aux esprits de ces tems d'obſcurité & d'ignorance que nous devons la plupart des inventions utiles: le papier, la fayance, le linge, les moulins a vent, la bousſole, l'imprimerie, & pluſieurs autres objets importans. Des hommes de génie ſervoient l'humanité par ces decouvertes, tandis que les Poëtes faiſoient de mauvais vers, des Ecrivains de la mauvaiſe proſe, & les Philoſophe ce mauvais raiſonnemens. [*d'Alembert, de la liberté de la muſique.*]

Ibid. *Les Juifs inventerent les lettres de change.*

L'Idée paroit pourtant en être déjà venuë aux anciens Grecs: car on trouve dans un plaidoyer d'Iſod'Isocrate, intitulée Τραπεζίτικος, qu'un etranger, qui avoit apporté des grains a Athenes, y donna a un marchand, nommé Stratocle, une lettre a tirer sur quelque place du Pont-Euxin, où il lui etoit du de l'argent. Ce Stratocle se fit en même tems assigner un banquier d'Athenes, ou il put avoir recours, au cas que la lettre fut protestée en Crimée.

C'est ainsi qu'on decouvre la premiere notion du papier-monnoye, ou des billets de banque dans la pratique qu'avoient les Carthaginois, au rapport d'Eschine, de renfermer dans de petites bourses cachetées quelqu'objet inconnu, qui avoit parmi les negotians une valeur stipulée, & garantie par le credit de la Republique. [Voyés les recherches Philosoph. sur les Grecs, T. I. partie II.]

Ch. 17. *Le Pere du Halde dit que le commerce interieur de la Chine est plus grand que celui de toute l'Europe.*

Je crois qu'on peut se permettre quelques doutes sur les assertions de ce Jesuite, par la raison

raiſon qu'il n'a jamais ſorti de Paris; bien que du reste ſa Description Historique, Geographique & Phyſique de l'Empire de la Chine & de la Tartarie-Chinoiſe paſſe pour le meilleur ouvrage que nous ayons en ce genre. Notre Auteur en fait un frequent uſage.

Ch. 18. *J'ai oui pluſieurs fois deplorer l'aveuglement du Conſeil de François* I. *qui rebuta Christople Colomb, qui lui propoſoit les Indes.*

L'Anacronisme dans lequel l'Auteur tombe ici a été relevé avec raiſon par les critiques. En effet Colomb fit ſes premieres decouvertes en 1492. deux ans avant la naiſſance de François I. en 1494. & il mourut en 1506. tandis que celui-ci ne commença ſon regne qu'en 1515.

LIVRE XXII. CH. XXII.

Les premiers Romains n'eurent point de Loix pour regler le taux de l'uſure.

La premiere regle ſe fit a cet egard dans la loi

loi des XII Tables, comme le dit Tacite (*Ann. L. 6. C. 16.*) Nam primo duodecim tabulis ſanctum, ne quis unciario fœnere amplius exerceret; cum antea ex libidine locupletium ageretur.

Ibid. *On ſuivoit donc les conventions particulieres, & je crois que les plus ordinaires etoient de douze pour cent par an.*

C'est a ce prix que les intérêts etoient bornés par la loi des XII Tables, dont voici les termes (*Tab.* 3.) ſi qui unciario fenore amplius fenera ſit, quadruplione luito; ce qui ſignifié ſuivant Godefroy (*opera minora ad Tab.* 3.) ſi quis majus quam unciarum fœnus (quod unciam menſtruam dependit in annum) exercuerit: quadrupli pœna afficitor.

Ibid. *Tacite dit que la loi des* XII *Tables fixa l'intérêt a un pour cent par an. Il est viſible qu'il s'est trompé, & qu'il a pris pour la loi des* XII *Tables une autre loi dont je vai parler.*

Il me paroit que cette inculpation n'est pas fondée, car d'abord Tacite en parlant d'unciarium fœnus n'entend point par là un pour cent par an, mais par mois; & l'autre loi, que l'Auteur a en vuë, ne le dit pas non plus, comme on va le voir dans la remarque suivante.

Ibid. *L'an 398 de Rome les Tribuns Duellius & Menenius firent passer une loi, qui reduisit les intérêts a un pour cent par an. C'est cette loi que Tacite confond avec la loi des* XII *Tables.*

Ce fut l'unciaria usura que ces Tribuns stipulerent, c'est-à-dire un pour cent par mois, & non par an, d'après les commentateurs de Tacite [*Ann. L. 6. C. 16.*] & cela est d'autant plus certain, que cet Auteur après avoir dit: Nam primo XII Tabulis Sanctum ne quis unciario fœnere amplius exercerit, ajoute: dein rogatione tribunicia ad semuncias redacta: il est clair, que ce ne pouvoit être un demi pour cent par an, mais par mois. Cette loi, qui diminuoit l'intérêt a la moitié passa sous le Consulat de T. Manlius & C. Plautius, 10 ans après

après celle de Duellius & Menenius, dont il est ici question.

Ibid. *Dans la ſuite on l'ota tout a fait..*

La choſe ne me paroit nullement prouvée par les pasſages de Tacite & de Tite-Live qui ſervent de fondement a cette asſertion. Le premier de ces Auteurs dit ſimplement: postremo vetita verſura, par ou je n'entens autre choſe qu'une mutation de creancier; car c'est ainſi que le mot est expliqué par Donat, Scholiaste de Terence [*Phorm. Act.* 5. *Sc.* 2.] Verſuram facere dicitur, qui aes alienum ex aere alieno ſolvit. Dicitur enim verſuram facere, cum minore fœnere acceptam quis pecuniam majore occupat. Et Ciceron employe ce mot dans le même ſens. [*Ad Att. L.* 5. *Ep.* 15.] Vereor ne illud, quod tecum permutavi, verſura mihi ſolvendum ſit. Il ne s'agit donc ici, ſi je ne me trompe, que d'une police touchant les uſures, & non de leur abolisſement.

Quant a Tite-Live, voici ce qu'il dit: [*L.* 7. *ſur la fin.*] Præter hæc invenio apud quos-

 dam,

dam, Lucium Genucium tribunum plebis tulisſe ad populum ne fœnerare liceret. On voit qu'il ne donne pas la choſe pour certaine; & d'ailleurs il ne dit point qu'elle paſſa en loi; car ferre ad populum ne denote que faire une propoſition, de nature a pouvoir être rejettée par le peuple.

Du tems d'Auguste l'uſage de payer les intérêts par mois ſubſistoit encore; temoin le tristes Calendæ d'Horace.

LIVRE XXIII. CH. XVII.

Le moyen infame qu'employoient les Cretois pour prevenir le trop grand nombre d'enſans est rapporté par Aristote: & j'ai ſenti la nature eſſrayée quand j'ai voulu le rapporter.

Il n'est pas croyable que les legislateurs de Crete ayent pu établir l'infame reglement que l'Auteur reproche ici a cette Republique.

Ceci me fait ſoupçonner que le paſſage d'Aristote [*Polit. L.* 2. *C.* 8.] n'a pas été bien com-

compris; on en jugera par l'examen que j'en vais faire. Aristote decrivant dans ce Chapitre les Institutions de Crete, commence par dire, que plusieurs ne sont pas moins bonnes que celles de Lacedemone, dont elles etoient le modele, & qu'on les devoit a Minos.

Parlant ensuite de la frugalité, il ajoute que le Legislateur a imaginé (πεφιλοσόφηκεν) que pour separer les femmes (πρὸς τὴν διάζευξιν τῶν γυναικῶν) & pour qu'elles n'enfantent pas trop, les hommes vivroient ensemble. (τὴν πρὸς τὰς ἄῤῥενας ποιήσας ὁμιλίαν.)

Toute idée malhonête s'évanouït, si l'on traduit ainsi ce passage; & je me crois fondé a le faire, parce que le mot ἄῤῥην ne signifié que le sexe Masculin, & souvent même un homme non effeminé: & qu'ὁμιλία dans le premier sens désigne conversation, société, telle que l'est celle d'un maitre avec ses disciples, ou d'un particulier avec les Grands, comme s'exprime Plutarque, vie de Solon: τοῖς βασιλεῦσι δεῖ ὡς ἥκιστα ἢ ὡς ἥδιστα ὁμιλεῖν.

De plus ſi ce reglement avoit été honteux, le grave Ariſtote n'auroit pas ajouté immediatement après: je dirai dans un autre endroit ſi cela est mauvais ou non; mais il est certain que les asſociations ſont mieux établiés a Crete qu'a Sparte.

Il est vrai que dans le Chapitre precedent, au ſujet de Lacedemone, il reproche aux femmes la luxure, & aux hommes un gout pervers, mais c'est a titre d'abus qu'il en parle, & bien loin d'en faire matiere de loi.

Lorsqu'on lit dans une Gloſe du droit Canon: Adulterium Galli vocant bonam fortunam, on auroit tort ſans doute d'en inferer que l'inſidelité conjugale puiſſe s'appuyer ſur quelque loi: & comment penſer que le vice le plus revoltant aye pu trouver place dans le Code d'aucun Peuple; bien qu'on ne ſauroit nier que pluſieurs Nations, & nomement les Grecs, n'en ayent pas fait grand ſcrupule.

Ch. 22. *On ne trouve aucune loi Romaine qui permette d'expoſer les enfans.*

La

La loi de Romulus, qui, au rapport de Denis d'Halicarnasſe, L. 2. ordonne d'elever les enſans males & l'ainée des filles, implique pourtant la permisſion d'expoſer les filles cadettes.

Au reste l'expoſition des enfans etoit tellement en uſage chez les autres peuples, & particulierement chez les Grecs, qu'on a remarqué comme une choſe ſinguliere de la part des Thebains, qu'ils ne la pratiquoient pas. Quant aux Romains il n'y a qu'a voir les Comedies de Terence & de Plaute, pour ſe convaincre, que rien n'etoit ſi commun chez eux. Je crois qu'elle etoit de ces choſes, dont le dernier dit: quæ nec permitti nec prohiberi posſunt. Tacite, dans ſon Traité des mœurs des Germains, paroit s'en plaindre.

Il est donc etonnant, que Justinien, dans la Novelle 153 faite contre cette pratique, la nomme un crime repugnant a tout ſentiment humain, & qu'on ne ſauroit croire avoir été commis par aucun peuple barbare.

Ibid. *Il y avoit donc chez les Romains des loix contre cet usage.*

Dans la defense expresse qui s'en fit par la loi de Valentinien, Valens & Gratien [Lib. 8. C. 152. C. 2.] il est dit: Unusquisque sobolem suam nutriat: quod si exponendam putaverit; animadversioni quæ constituta est, subjacebit: ce qui fait presumer que des reglemens anterieurs y avoient déjà pourvu, bien qu'on n'en sache ni le tems ni la maniere.

Ch. 25. *La Hollande envoye tous les ans aux Indes un grand nombre de matelots, dont il ne revient que les deux tiers.*

Des hommes que la Hollande envoit aux Indes (Orientales) il n'en revient qu'environ un tiers, ainsi la perte est beaucoup plus considerable que l'Auteur la pose, ce qui confirme d'autant plus son principe. Disons en passant que si la Hollande n'employoit pour la plupart des etrangers a cette navigation, elle ne pourroit suffire au grand nombre d'hommes que ce commerce & l'etenduë de ses etablissement exige.

Ch.

Ch. 27. *Pour établir un certain esprit general qui portat a la propagation de l'espèce, il falloit établir, comme les Romains, des recompenses generales.*

Ou, comme chez les anciens Perses; ou l'on payoit de la part du Roi de certaines sommes a ceux qui avoient beaucoup d'enfans.

LIVRE XXIV. CH. VII.

Le celibat fut un conseil du Christianisme: lorsqu'on en fit une loi pour un certain Ordre de gens, il en falut chaque jour de nouvelles pour reduire les hommes a l'observation de celle-ci.

Ce ne fut effectivement pas sans la plus forte opposition que s'établit le Decret du Pape Sirice, fait a la fin du quatrième Siecle (en 398) portant defense absoluë & generale a tous les Ecclesiastiques de se marier. On peut voir dans Bayle, qui declame fortement contre cette Institution, les consequences fatales, qui en resulterent. (art Reihing) Malgré cela les Papes la soufoutinrent, & l'Hycrarchie Romaine s'en trouva bien; elle foumit par là plus directement a fon empire les gens d'Eglife; en leur otant l'attachement pour leurs femmes, enfans & famille, ainfi que l'envie qui pouvoit en refulter de rendre leurs benefices héréditaires: bien que du reste on ne fauroit nier, que dans la primitive Eglife le mariage n'etoit point interdit aux Ecclefiastiques.

Ch. 8. *La Religion, même fausse, est le meilleur garant que les hommes puisfent avoir de la probité des hommes.*

Elle a une très grande influence fur ce qui regarde la Société humaine. Suivant Platon la Religion est le rempart de l'autorité, le lien des loix & d'une honête discipline. Et Plutarque dit qu'elle est le ciment de toute Société, & le foutien du pouvoir legislatif. Voyés ceci dans Grotius D. de la G. L. 2. Ch. 20. §. 44.

Ch. 13. *La Religion Payenne pouvoit avoir des crimes inexpiables, mais une Religion qui met entre le juge & le criminel un grand*

Media-

Mediateur ne doit point avoir de crimes inexpiables.

Malgré le grand respect que je porte a notre illustre Auteur, je ne puis m'empecher d'observer, qu'il auroit mieux fait d'omettre une decision si peu conforme au dogme de l'Evangile, & de ne pas etendre sa critique jusqu'à ce point de Religion. M. de M. en s'ingerant si avant dans cet article de Theologie paroit oublier qu'il n'est, (comme il le dit au Ch. 1.) qu'ecrivain politique, & qu'il ne pretend examiner les diverses Religions que par rapport au bien que l'on en tire dans l'etat Civil. Or il me paroit que sous ce point de vuë il n'etoit nullement necessaire a la perfection de l'Ouvrage de consacrer un Chapitre entier a raisonner sur les crimes inexpiables.

LIVRE XXV. CH. III.

On ne verra point batir de Temple chez ceux qui n'ont pas de maison eux-mêmes.

C'est peut-être la veritable raison pourquoi

les Temples etoient inconnus aux anciens Germains, qui au rapport de Tacite (de M. G. Ch. 16.) n'avoient ni villes ni habitations jointes, (nulli ſua domus aut ager) vivant même dans des cavernes ſouterraines: bien que cet Auteur attribue le defaut des Temples a l'idée ou etoient ces peuples, que les Dieux etoient trop grands pour y être contenus.

Aujourd'hui encore il en est de même chez les Tartares Uſiens qui adorent un ſeul Dieu, ſous le nom de Tor. Ils n'ont point de Temples, & c'est au milieu des forets que Tor recoit leurs homages. (Chantreau T. 2. p. 274.) comme les Germains le pratiquerent. Tacite ajoute, que les Dieux leur paroisſoient trop augustes pour les repreſenter par quelque figure humaine: belle penſée, & parfaitement ſemblable a l'inſtitution de Numa, qui, ſuivant Plutarque, defendit aux Romains toute image ſoit peinte ou ſculptée de la Divinité, deſorte que durant 170 ans leurs Temples furent ſans aucun ſimulacre, & que jusques là ils crurent que c'etoit une impieté d'exprimer Dieu ſous la forme me d'une homme ou d'une bete, & de le concevoir autrement que par l'esprit.

Ch. 11. *Un Prince qui entreprend dans ſon Etat de detruire ou de changer la Religion dominante, s'expoſe beaucoup.*

Si l'on pouvoit douter de ce principe, il n'y auroit qu'a ſe rapeller les malheurs de l'Angleterre depuis le regne de Henry VIII. jusqu'à celui de Jaques II. & ſurtout l'histoire de l'infortuné Charles. I.

Ibid. *On donne a l'Etat, au moins pour quelque tems, & de mauvais citoyens & de mauvais fideles.*

C'etoit le ſentiment du Roi Ferdinand, lorsqu'après bien des revoltes & de ſang repandu dans le XV. Siecle, & d'après le converſions du Cardinal Ximenes, il dit: Il ſeroit plus convenable pour le ſervice de Dieu & pour le mien, que les Maures ſortisſent Maures du Royaume, que d'y rester Chretiens comme ils le font.

Ch.

Ch. 15. *Chez les Japonois on ne despute jamais ſur la Religion.*

Ils nous donnent en cela l'exemple d'une conduite fort ſage, quant au civil, & d'une conſequence admirable pour la tranquillité de l'Etat. Charles-quint le ſentit, lorsqu'au commencement des troubles de Religion, qui dans la ſuite ont dechirés les Païs-Bas, il publia en 1550 un Edit a Bruxelles, portant deſenſe a tout laïque de disputer ſur la S. Ecriture, tant en particulier qu'en public, principalement ſur des points douteux & importans: il leur deſend auſſi d'expliquer ou de lire a d'autres les Livres Sacrés.

C'est dans le même esprit que l'Ordonnance de la Marine faite en Hollande l'an 1742. pour la Navigation des Indes ſoumet a des peines les gens de mer, qui durant la traverſée disputent ſur la Religion, & donnent par la matiere d'altercation.

LIVRE XXVI. CH. VI.

Chez un peuple d'Arabie, le jour que le Roi

Roi montoit ſur le trone, on donnoit des gardiens a toutes les femmes grosſes du païs, & l'enfant qui venoit le premier au monde etoit le Prince héritier.

Il est bien difficile a comprendre, comment on pourroit donner de gardiens a toutes les femmes grosſes d'un païs; mais le merveilleux cesſe, lorsqu'on voit que Strabon (cité en marge) ne parle que de celles des hommes illustres.

Ch. 14. *En fait de prohibition de mariage entre les parens, c'est une choſe très delicate de bien poſer le point auquel les loix de la Nature s'arretent, & ou les loix civiles commencent.*

Une loi Romaine établit le droit naturel & la pudeur pour principes a cet egard: In contrahendis matrimoniis naturale jus & pudor inſpiciendus est. [*L.* 14. §. 2. *ff. de ritu nupt.*] & ce ſont ces principes que l'Auteur developpe dans ce Chapitre.

Ibid. *L'horreur pour l'inceste du frere avec la*

la sœur a du partir de lr même source — ces causes sont si fortes, qu'elles ont agi presque par toute la terre.

Chez les Grecs ces sortes de mariages etoient pourtant en usage. Temoin ce que dit Nepos [*Vie de Cimon Ch.* 1.] Habebat autem in matrimonio sorotem suam, nomine Elpinicen, non magis amore — quam more ductus: nam Atheniensibus licet eodem patre natas uxores ducere. A Lacedemone on pouvoit epouser sa sœur uterine.

LIVRE XXVIII. CH. XVII.

Quant a la preuve du feu, aprés que l'accusé avoit mis la main sur un fer chaud ou dans l'eau bouillante, on enveloppoit la main dans un sac que l'on cachetoit.

Les Saxons ont nommé ces preuves Ordela, ou Ordalium, ce qui signifié dans leur langue: jugement; ils entendoient par la un jugement de Dieu, & c'est ainsi qu'on les consideroit dans

le

le moyen age, où ils furent imaginés & mis en usage par les Nations Germaniques.

L'Imperatrice Judith s'y soumit par ordre de son Epoux Louis le Debonnaire (en 813.) en jurant qu'elle etoit innocente du crime d'infidélité, dont on l'accusoit.

Quand on considere que le fer dont on se servoit etoit beni & gardé dans des maisons Religeuses; que c'etoit le clergé qui presidoit a ces sortes de ceremonies; qu'elles se faisoient dans les Eglises; & que les Ecclesiastiques jaloux d'etendre leurs prerogatives, etablirent & favoriserent cette pratique, pour faire cesser celle du combat judiciaire, qu'ils traitoient d'impie; il ne me paroit pas absurde de penser qu'ils ayent repeté cet usage, ainsi que celui de l'eau bouillante, & autres pareils, de l'institution dont il est parlé dans l'Ecriture Sainte, au Livre des Nombres, Ch. 5. v. 12. & suivans, pour eprouver la fidelité d'une femme soupçonnée d'adultére, en lui faisant administer par le sacrificateur une certaine eau, qui lui devenoit funeste

funeste si elle etoit coupable, & ne lui nuisoit pas si elle etoit innocente.

C'est encore une chose digne de remarque, que l'usage de manier un fer chaud en jurant, etoit connu chez les Grecs dans le tems où ce peuple etoit le plus civilisé de la terre. J'en trouve la preuve dans l'Antigone de Sophocle, v. 270. & suivans, ou il est dit: Nous etions déjà prets a prendre en main des fers chauds (μύδρους) & a passer par le feu, & a attester les Dieux; que nous n'avions été ni auteurs ni complices du fait, & que nous ignorions a quelle personne ou au conseil de qui il falloit l'attribuer. Le Scholiaste ajoute a ce passage l'article suivant: Ceux qui jurent ont coutume de prendre en main des fers chauds, & d'invoquer les Dieux avec des protestations terribles, que le serment dure jusqu'à ce qu'on retrouve le fer, qu'ensuite ils jettent en mer pour que le serment soit eternel. Ils jurent aussi, dit-il, en passant par le feu.

Avant que de quitter cette matiere je me permets d'observer, combien il est singulier, que

que tandis qu'il y a 6 ou 7 Siecles qu'on a cessé d'employer des preuves par le feu & par l'eau dans les procedures criminelles en Europe, l'usage en existe, même aujourd'hui, dans d'autres parties du monde sous differentes formes, qu'il est curieux de lire dans les Itineraires. On retrouve ces pratiques bizarres, mises en œuvre de la maniere la plus atroce, dans le Royaume de Siam, sur la cote de Malabar, a Ceylan, a Loango en Afrique, en Guinée, chez les Tartares Ostiakes, & chez les Tongusses, peuples de Siberie.

On ne sauroit trop s'etonner, commant tant de Nations si éloignées l'une de l'autre, & dont plusieurs n'ont aucune communication ensemble, ayent pu s'accorder a faire dependre la vie & l'honneur de leurs sujets d'une pratique aussi superstitieuse que ridicule, & comment elles ne reviennent pas de ce deplorable aveuglement.

LIVRE XXIX. CH. IX.

Du tems de la Republique il n'y avoit point de

de loi a Rome que punit ceux qui se tuoient eux-mêmes.

Sous les Rois on en trouve un exemple. Lorsque Tarquin le superbe eut obligé le peuple a faire des cloaques, & que par degout pour ce travail plusieurs se pendirent, il ordonna que leurs corps seroient mis en croix: c'est alors qu'on a commencé a tenir pour honteux de se tuër soi-même. [*Servius ad Virgil. Æn. L.* 12. *V.* 603.] Dans la suite on pensa bien differemment; Ciceron, d'après les principes des Stoïciens, met au nombre des moyens qui lui restoient de se soustraire aux malheurs de la guerre civile, l'expedient de se tuër soi-même; [Epist. L. 7. Ep. 3.] & il louë Caton de l'avoir fait: præclare periit Cato. [L. 9. Ep. 19.]

*

www.ingramcontent.com/pod-product-compliance
Ingram Content Group UK Ltd.
Pitfield, Milton Keynes, MK11 3LW, UK
UKHW020922180726
13838UKWH00002B/701

9 782329 382111